我母亲对我说过，

爱孙子胜过爱儿子，

有了外孙张奕煊后，

我才真正懂了。

我和煊煊手拉手玩时，

三岁多的煊煊问："爸爸妈妈都有信，怎么我没有？"

于是，当外公的我给他写了第一封信：

"煊煊：你好！外公写"

我和煊煊一起一遍又一遍地读这封信，

两人都很开心。

信写了一封又一封，

亲情越来越浓，

煊煊认识的字自然也越来越多了，

也越来越懂事了……

全家人都很开心。

张奕煊的外公写

谨以此书献给

每一位爱孩子的家长

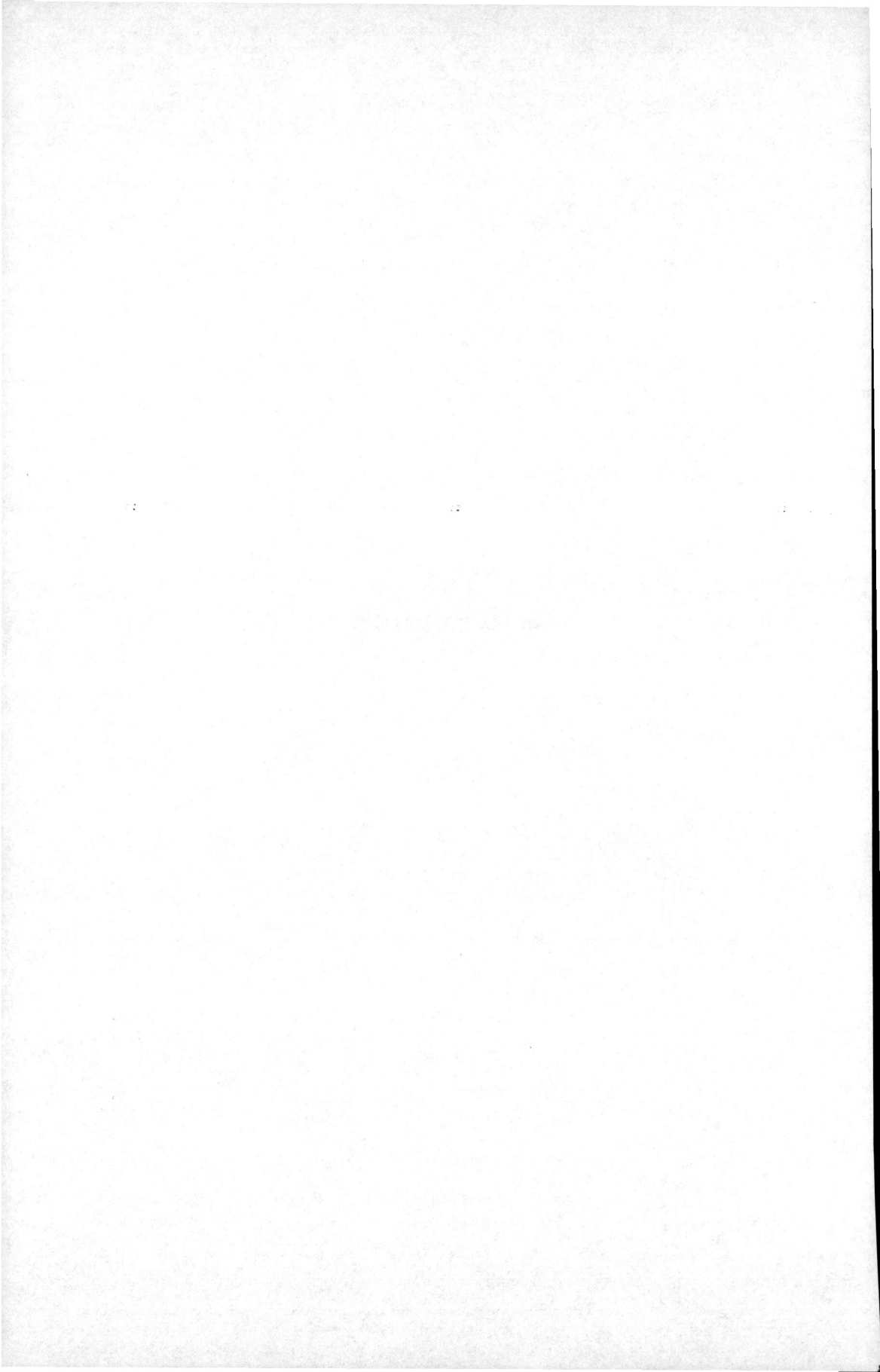

外公家书

我最好的朋友张奕煊：

时间过得真快！不知不觉，外公给你写信已经两快三年了。现在你识字了，不需要外公给你念信，可以自己看了。

小姨说：大煊能看信了，是个文化人了，不是文盲了，哈哈。

外公给你订的儿童报，妈妈给你买的儿童书，你都能看得津津有味，还给小朋友们念书上的故事。

在幼儿园，老师们都夸你是爱读书的好孩子。

爱读书是个好习惯。书上有很多知识。会读书的人，就可以自己学习，不需要凡事都问别人了。

祝你新年进步！天天快乐！

陈德勤 陈允斌 著

北京联合出版公司
Beijing United Publishing Co.,ltd.

一张白纸，好画最新最美的图画

给孩子写信本是无心之举。我们家里有个信箱，我经常带着孩子一起去拿信，他每次都问："这是谁的信呢？"我说是爸爸、妈妈……的信。有一天，他突然问："外公，我为什么没有信？"

就这样，我开始给煊煊写信，然后放在信箱里面，每天让煊煊打开找，他拿到信时开心得不得了："我的信哪！"然后，他会拿着信念给家里其他人听，家里人也开心，给他竖个大拇指，鼓励他一下；有时候小朋友来了，煊煊也念给他们听，那些小朋友家长觉得这是个很好的教育方法，很喜欢，也经常夸奖他。这样一来，孩子的积极性也上来了，识字越来越多，而且每天都有期待。因为他感觉自己跟大人一样平等了，被人重视了，有人专门写信给他，还写"张奕煊小先生收"。

实际上，我并没有打算为外孙做一个很刻意的教育计划，当时的想法就是让孩子开心，不去阻碍他天性的发展，而且还能认字，因为教孩子一个一个地专门认枯燥的字没意思，还不如让他认得信里的每句话，认真感受日常生活中的美好的点点滴滴。

现在，很多家长成天主张要让孩子开心，但却不知道从什么途径来进行，我觉得给孩子写信这种方式是促进孩子开心成长的一个方便的办法，还能开启孩子的智慧。

比如，如何教孩子学习担当责任，我就在信里写"外公年纪大了，你要拉着外公的手，保护外公安全过马路。"孩子就会感到很光荣、很自豪，他说："外公你眼神不好，我拉着你的手安全。"……慢慢地，孩子学会了怎么处理跟长辈的关系，怎么跟朋友相处……学到了好多在学校学不到的东西。

我认为，在孩子是一张白纸的时候，学过的东西往往能深深地烙在上面，甚至终生不忘。

还有，怎么让孩子去了解中国的文化很重要，其实这些文化都凝聚在包罗万象的诗词里。诗词是润物细无声的，孩子天天读这些诗词，自然知道怎么去孝顺家长——"谁言寸草心，报得三春晖"，不需要大人再去说教。说教往往是无效的，反而通过诗词去渗透更好。在教孩子读诗词的过程中，我们家长也能学到很多，因为有一些东西我也不见得懂，为了教小孩，我也要去查一下工具书，不能讲错了。

我有个很深的印象，一次在给孩子写信时，我无意中把"丢三落四"写成了"丢三拉四"，女儿就赶紧给我纠正。我说："幸亏你提醒我，万一就这样教他，他记住了可就麻烦了！"孩子的记性很好，你讲错的话，他一辈子都记得。

另外，我觉得孩子就让他自然地成长，不要一开始就给他很大的压力，不要求他一定要达到一个什么样的高度。我曾经和有些家长也谈过，位置越高的人不见得越幸福。

我们就是很自然地教孩子，比如教古诗词，就是从最简单的开始，先教最简单好记的，他念得也开心，念了以后还可以和其他小朋友交流。我们从来没有规定孩子今天不背出来就要怎么样。

我认为，兴趣比什么都重要，人一辈子就应该做自己感兴趣的事情。不要强迫孩子做他不喜欢的事情。

现在回顾那些养育两个女儿和教外孙的时光，我很开心，更觉得是一种双赢。

希望看到这本书的家长们也在养育孩子们的过程中双赢，永远开开心心！

外公

2015年4月16日于北京

工夫在诗外

我的父亲在大学做了几十年老师，教的是师范专业，可以说是"老师的老师"。我年少时就读的学校，校长也是他的学生。他讲课生动有趣，大人、小孩都能听得津津有味。亲友的小孩子成绩不好，父亲给指点几次，升学考试就拿高分。

孩子们都愿意听他的话。他很懂得儿童心理，总是把自己摆在跟他们同样的位置来交流。煊煊小的时候，也认为自己最好的朋友就是外公。

父亲一开始给煊煊写信的时候，大家都觉得这只是他们祖孙之间的一个小游戏。孩子每天打开信箱找自己的信，很开心。渐渐地，我感觉这些信越读越有味道，就开始有意识地把信收集起来保存。从煊煊三岁开始，一直到上小学，我父亲这一写竟写了三年。每天一封信，一共写了一千多封。这些信教会了孩子学习的方法，教他亲近自然、珍惜亲情、懂得孝道，认识自我价值……最重要的是，引导孩子从日常生活的点点滴滴中，感受人生的美好与快乐。

九年过去了，外公的家书还在继续，只不过收信人换成了我的小外甥南南——我妹妹的孩子，而外公的信也有了更现代化的形式。我们建了一个小小的微信群，叫作"南南的信箱"。外公每天通过微信给南南写信，信后附上一首歌曲，有时候还配上自己拍的照片或是小视频，家里每个人都能看到。这个信箱不仅给南南带来了每天的期待和快乐，也让分离三地的一家人可以随时分享各自的生活，就像依然住在一起……亲情更浓了。

记得小时候，母亲告诉我一句古人的话："汝果欲学诗，工夫在诗外。"我一遍又一遍地重读父亲的书信，想起了这句话，越来越懂得他的良苦用心。一千多封信，字字句句，贯穿始终的是"让孩子快乐"的初心。这正是"工夫在诗外"。我深深地体会到：无论是什么教育，必须能给孩子带来快乐，唯其如此，才可以称之为真正的成功。

陈允斌

2015年5月于北京

|目 录|

夏 用"戴高帽"法培养孩子的智慧、勇气、独立等品质（P34-63）

秋 如何培养孩子最欠缺的逆向思考能力（P64-88）

冬 孩子四岁

如何培养孩子的反应能力（P90-110）

春 如何教孩子掌握跟小朋友们的相处之道（P111-126）

夏 如何让孩子明白"学一样东西要循序渐进"的道理（P127-141）

夏 如何教孩子灵活动脑（P169-185）

秋 教孩子掌握解决争执的智慧（P186-196）

孩子三岁

刚开始给孩子写信主要是让他开心：先开心，再识字

孩子开心，识字才快：如何让三岁左右的孩子主动识字、背书

家里人出远门之前，为什么要教孩子说"祝您一路平安"

让孩子开心的事，写在纸条上给他看，比直接说效果更好

让孩子知道你是他的好朋友，他就听话了

"看多长却迟"：渗透式教育方法最灵

对古诗，只要读了就行，读多了，孩子自然就理解了

如果孩子感觉亲人们都很爱他，他就会自信满满

孩子开心，学习东西才快

刚开始给孩子写信主要是让他开心：先开心，再识字

煊煊：

你好！

外公写

2006 年 2 月 5 日

咏鹅

唐 骆宾王

鹅，鹅，鹅，

曲项向天歌。

白毛浮绿水，

红掌拨清波。

其实一开始给孩子写信是无心之举。有一天煊煊问："爸爸妈妈都收到信了，怎么我没有？"于是当外公的我就高高兴兴地担起了给煊煊写信的责任，煊煊也能经常开开心心地看到外公的来信了。

其实这么做主要是为了让他开心，也想教他识字。我觉得像这样写封信，比单单教一个字、两个字好一点。而且孩子每天收到信确实很开心，还拿给别人看，念给很多人听，代表他认识这些字。所以后面教他诗词的时候，他也很愿意念。

其实在当时我没有要求他会写这些字，认得、会念就可以了。（外公说）

《咏鹅》可以说是儿童启蒙的第一诗，画面感很强，对于孩子来说很容易懂。所以外公选择从这首诗开始教。（妈妈说）

孩子开心，识字才快：如何让三岁左右的孩子主动识字、背书

煊煊：

早上好!

祝你天天快乐!

外公写

2006 年 2 月 6 日

春晓

唐 孟浩然

春眠不觉晓，

处处闻啼鸟。

夜来风雨声，

花落知多少？

第二天的信，字要多一些，也是为了让孩子认字。煊煊看到后很开心，因为他几乎都认识，遇到不认识的字也可以顺出来，像"快乐"这个词，他会自己根据上下文的意思去顺。后来有些信上的字他不认识，就会主动找我念一遍给他听。其实，我没有刻意地让他通过信去认多少个字，而是尽量写短一点，让他慢慢去接受。我觉得，小朋友应该每天都要开开心心的，家长不要把自己的想法强加给小朋友。（外公说）

小孩子背书其实大多是不求甚解的，所以我们只要他背出来就行了。我们小时候也是这样背了好多诗，比如《长恨歌》，我背的时候才八岁，哪知道里面是什么意思，直到长大以后才明白。但我小时候也背得很有劲，为什么呢？我觉得诗有一个好处，它不仅有意思在里面，还有音韵，它是音乐，所以小孩背的时候会感觉它铿锵有力、抑扬顿挫，会很喜欢背。（妈妈说）

家里人出远门之前，为什么要教孩子说"祝您一路平安"

煊煊：

　　早上好！

　　爸爸妈妈今天去非洲。

　　我们祝他们一路平安。

外公写

2006 年 2 月 7 日

送元二使安西

唐　王维

渭城朝雨浥轻尘，

客舍青青柳色新。

劝君更尽一杯酒，

西出阳关无故人。

妈妈为煊煊注：浥，念作"忆"，是湿的意思。故人，是老朋友的意思。

　　这是爸爸妈妈第一次长时间离开煊煊，我感觉到他在爸爸妈妈离开前有点失落，于是，我先给孩子念这封信，然后解释非洲在哪里，爸爸妈妈去做什么，说他们只是暂时离开，过一个星期就会回来，还告诉他，家里人出远门之前，要祝福他们一路平安——因为孩子不知道怎么跟爸爸妈妈告别，所以这里我就写了"祝他们一路平安"。这以后家里有人要走，他就知道要祝人家"一路平安"，一下子就教会了。（外公说）

　　外公会给孩子背诗，但外公不会过多地给他讲解，因为孩子很难了解诗句中的深意，像"西出阳关无故人"他只能明白第一层意思，后面的深意不需要他去理解，我们只是让他感觉到那个意境就可以，三岁多的孩子不会理解到这个层次，但这会为他以后学这首诗打下基础。（妈妈说）

为什么要给孩子强调"大家都爱你"这句话

煊煊：

你好！

你是一个好孩子。

爸爸妈妈都爱你。

外公写

2006 年 2 月 11 日

静夜思

唐 李白

床前明月光，

疑是地上霜。

举头望明月，

低头思故乡。

妈妈为煊煊注：李白是写诗的天才，他写的诗天马行空，想象力特别丰富，后人称他为"诗仙"。

爸爸妈妈还没有回来，煊煊很想念他们，闷闷不乐的。我就写了这封信，告诉他爸爸妈妈虽然没在他身边，但也是爱他的。选的诗也是思故乡的诗，告诉她爸爸妈妈也在思故乡，正好有情景在这儿，教会他什么是思念。（外公说）

外公当时经常会写"爸爸妈妈爱你、爷爷奶奶爱你、外公外婆爱你"这些话，让孩子感觉到"大家都爱你"的这种亲情，目的就是让他认识到自我的价值，因为现在很多新生一代的自我价值感太低了。（妈妈说）

让孩子开心的事，写在纸条上给他看，比直接说效果更好

煊煊：

你好！

今天是元宵节。

大家来吃元宵。

外公写

2006 年 2 月 12 日

正月十五日夜（节选）

唐 苏味道

火树银花合，

星桥铁锁开。

暗尘随马去，

明月逐人来。

妈妈为煊煊注：元宵节又叫"灯节"，地上灯火辉煌，天上明月光光，多漂亮啊！这首诗写的就是这种景象。

我告诉过煊煊元宵节来了要吃元宵，所以孩子在看完我的信后，就等着、期盼着。当时煊煊已经能够基本读懂我的信了，我认为，在认字的基础上又可以开始教他一些生活常识了。（外公说）

外公很会哄小孩子，他知道直接告诉孩子说今天是元宵节，让孩子来吃元宵，孩子的确会很开心，但如果突然之中给孩子一张纸条，写上同样的内容，孩子会更开心。（妈妈说）

每天都给孩子一个期盼，一个惊喜

煊煊：

　　早晨好！

　　爸爸妈妈今天从非洲回北京。

　　你晚上就可以见到他们了。

外公写

2006 年 2 月 14 日

逢雪宿芙蓉山主人

唐　刘长卿

日暮苍山远，

天寒白屋贫。

柴门闻犬吠，

风雪夜归人。

　　这封信当然就是向孩子报告好消息，告诉他，爸爸妈妈要回来了。我是在晚上接到煊煊爸妈电话的，当时煊煊已经睡了，于是我就给他写了封信。第二天早上我在外面散步时，煊煊读到了这封信，很开心，还把这个消息告诉其他小朋友，然后满脸期盼地等着。（外公说）

　　外公总是比煊煊早一点起来，他想每天都给孩子一个惊喜，我每天起床都看到我爸在给煊煊写信，孩子一起来穿好衣服就来看信。不光是煊煊，我们也喜欢看外公的信，信里的内容每天写的角度都不一样，每天都有新的东西。

　　随着煊煊慢慢长大，他会把外公与他的这种相处方式运用到自己跟别人的相处上。有一次煊煊去朋友优优家，优优跟人闹别扭了，很不开心，煊煊就劝他说："你不要生气，不要因为别人的错误惩罚自己。"我觉得特别有意思，优优的妈妈还跟我说："你们家孩子才几岁，怎么就会懂这种道理？"（妈妈说）

2006 年·春
孩子 3 岁 3 个月

让孩子知道你是他的好朋友，他就听话了

好孩子煊煊：

　　早上好！

　　外公是你的好朋友，你也是外公的好朋友。

外公写

2006 年 2 月 16 日

鸟鸣涧

唐　王维

人闲桂花落，

夜静春山空。

月出惊山鸟，

时鸣春涧中。

　　从这一封信开始，我一般会在信的称呼"煊煊"前面加上几个字，如"好孩子煊煊"。因为我觉得一天到晚都写"煊煊"有些单调，所以想变化一下，让称呼更亲切一点。同时我也在想，我跟孩子应该以一个平等的关系来相处，更确切的说应该是好朋友的关系，这样一来我们可以互相指出对方的错误，更好地沟通，而且很多东西我们都可以分享，而分享是一件很重要的事情。

　　我曾经看到一篇报道，有一户人家的亲戚买了一点水果来看望他们，亲戚说得很客气，说是给孩子吃的，亲戚走了以后爸妈想拿个香蕉来吃，孩子一把抢过来就说："给我的东西你们怎么能吃"，这就有些过分了。所以，我就想到要给孩子灌输分享的概念，而朋友之间，分享东西是再正常不过的。我常跟他说好朋友要相互关心、爱护，教育他也是从朋友的角度，不会强迫，更不会打骂。（外公说）

　　外公知道，想要教育孩子学会分享，如果他以长辈的身份一口气全讲出来，孩子可能记不住，所以他先埋下一个伏笔，说你是我哥们儿，我也是你哥们儿，让孩子知道你是他的好朋友，他就听话了，所以说，外公很有智慧。（妈妈说）

看爸爸妈妈拍的动物照片，比书上讲的更能让孩子记得住

煊煊：

　　你好！

　　请来看爸爸妈妈在非洲拍的动物照片。

有斑马、羚羊、大象、河马、犀牛、

狮子……还有长颈鹿。

外公写

2006 年 2 月 17 日

风

唐 李峤

解落三秋叶，

能开二月花。

过江千尺浪，

入竹万竿斜。

妈妈为煊煊注：这首诗可以当作一个谜语来猜，谜底就是"风"。你可以拿去考考小朋友，看谁能够猜出来。

　　写这封信的目的就是想让孩子认识这些动物，附上这首诗是为了煊煊学一些简单的中文数字。（外公说）

孩子不想吃水果怎么办

煊煊：

　　早晨好！

　　你是一个小男孩，你喜欢吃苹果。

外公写
2006 年 2 月 25 日

望天门山

唐 李白

天门中断楚江开，
碧水东流至此回。
两岸青山相对出，
孤帆一片日边来。

妈妈为煊煊注：仔细看一看"出"字，像不像两座山重叠在一起呢？

　　现在有些孩子不喜欢吃水果，或是把吃水果当成一个任务，其实，家长也可以在吃水果这件事情上让孩子得到快乐。比如，我写张纸条暗示煊煊有苹果吃，他就会很开心。

　　如果你的信能让孩子快乐，以后看到信，他就会有期待，而且还会天天找信，每天很早就起来了，不自觉就养成了他早起的习惯，我觉得挺好。重要的是，每一封信里都有亲情在。

　　煊煊每次早上起来的时候，我基本上都在外面散步，但他只要读到我的信，就像是在跟我聊天，能感受到我对他的爱。（外公说）

"看多长却迟"：渗透式教育方法最灵

小男孩煊煊：

你好！

你要记住，你的生日是十一月十二日。

外公写

2006 年 3 月 1 日

小松

唐 王建

小松初数尺，

未有直生枝。

闲即傍边立，

看多长却迟。

我写这封信，一是想让煊煊记住自己的生日，二是让他回忆一下过生日的快乐，因为第二天就是他妈妈的生日，我先告诉他的生日，再告诉他妈妈的生日，让他自己有一个感受，然后才能想到别人。（外公说）

虽然外公是教大学生的数学教授，但是他也很会辅导小孩，他的那些朋友们，如果家里有孩子数学考不好，都找他去辅导。经过外公辅导以后，那些孩子很多都考了满分。

告诉煊煊生日的方式，其实也有外公的教学理念在里面，因为我的生日快到了，所以他先要讲煊煊的生日。他不会揠苗助长，而是耐心地一点一点渗透。

对于一个三岁多的小男孩来说，我觉得用这种渗透式方法来教育非常好。先从孩子的角度去吸引他，让他自己体会到过生日的快乐，然后，在别人的生日来临时，他自然而然就能感受到别人的快乐和期盼。（妈妈说）

先告诉孩子的生日，再告诉他妈妈的生日，他自己有一个感受，然后才能想到别人

煊煊：

　　你好！

　　今天是妈妈的生日，我们一起祝她：

生日快乐！

　　　　　　　　　　　　　　外公写

　　　　　　　　　　　　2006 年 3 月 6 日

乌衣巷

唐 刘禹锡

朱雀桥边野草花，

乌衣巷口夕阳斜。

旧时王谢堂前燕，

飞入寻常百姓家。

　　给煊煊介绍生日以后，他慢慢地明白了生日的含义。今年他很开心，因为他觉得自己的生日过完以后，妈妈的生日也要来了，当然，小孩还是想着要吃蛋糕，这也是开心的一个原因。

　　妈妈生日那天，煊煊往往去争取早点说生日快乐，有时候还说多遍，告诉别人今天是他妈妈生日，大一点后他就开始给妈妈准备生日礼物。（外公说）

　　外公写信，有一个连贯性。随意地读其中一封，你可能觉得很平常，可最后把它们系统地整理出来一看，就会知道外公的心里想了很多。他是提前想好的，对煊煊的教育是一点一点层层递进的。我觉得这个跟他下围棋有关系，外公的围棋下得很好，所以他总是会提前考虑事情，所以就考虑得非常远，逻辑特别清晰。（妈妈说）

对古诗，只要读了就行，读多了，孩子自然就理解了

煊煊：

你好！

今天是三八妇女节，请祝幼儿园老师们节日快乐！

外公写
2006 年 3 月 8 日

关雎 (节选)

诗经

关关雎鸠，

在河之洲。

窈窕淑女，

君子好逑。

妈妈为煊煊注：这首诗中，雎，念作"居"。鸠，念作"究"。雎鸠，是一种水鸟，它们头顶的羽毛长得好像国王头上的王冠一样，雄鸟和雌鸟终身相伴。

　　三八节正好是属于女性的，所以信中用了《诗经》中的这几句诗。其实，对《诗经》里的诗，孩子不用理解得多深刻，只要读了就行，读多了，自然就理解了。我认为这些诗都是作为一个中国人必备的基础知识，是中国文化的一部分，孩子要有所接触。(外公说)

　　煊煊把这些诗读熟了，连日常生活中开玩笑时，都能随手拈来两句，改编一下，博取大家一笑。比如："关关雎鸠，打点酱油"，还有"窗前明月光，李白来爬窗"。我觉得这也是孩子在发展他的创造性和幽默感。孩子从小体会了诗歌的韵律感，才能做到随口改编。同时也没有读成书呆子，还能在学习中寻找小乐趣。(妈妈说)

2006 年 · 春
孩子 3 岁 3 个月

如果孩子感觉亲人们都很爱他，他就会自信满满

亲爱的煊煊：
　　你好！
　　我们大家都喜欢你，你是一个好孩子。

外公写
2006 年 3 月 11 日

寻隐者不遇

唐　贾岛

松下问童子，
言师采药去。
只在此山中，
云深不知处。

　　马上是外婆的生日了，所以我先写封信来夸夸孩子，做个铺垫，说我们大家都喜欢你，孩子就明白了，因为他知道我是在讲亲情。（外公说）

　　外公从一开始就强调大家都喜欢煊煊，我觉得这还是蛮重要的，如果一个人能切实感受到亲人都很喜欢他、爱他、看重他，那他就不会轻易地产生伤害自己或者是自暴自弃的念头，例如，他不会因为老师批评了他，就觉得自己是一个坏孩子，然后丧失进取心。所以我感觉这样的内容很重要，能够培养孩子的自我价值观。（妈妈说）

"我希望孩子记得家里每一个人的生日"：如何教孩子从小做一个有心人

外婆的乘孙子煊煊：
　　早上好！
　　今天是外婆的生日，我们一人吃一碗长寿面，祝外婆健康长寿。

外公写
2006年3月12日

新嫁娘

唐　王建

三日入厨下，

洗手作羹汤。

未谙姑食性，

先遣小姑尝。

妈妈为煊煊注：诗中的羹，是银耳羹的羹，念作"耕"。谙，念作"安"，是知道的意思。姑，是婆婆，就是丈夫的妈妈，小姑就是丈夫的妹妹。

现在普遍缺少亲情方面的教育，我希望孩子的心在这个大家庭里，所以想让他记着父母、爷爷、奶奶、外公、外婆的生日。并不是说我生日一定要收你们什么礼物，其实一份祝福就行了，这份祝福就是亲情，表示我的心中有你，我给煊煊写这封信也是出于这个目的。（外公说）

过生日吃长寿面是我奶奶非常重视的习惯，而且奶奶的记性非常好，即便她年纪很大的时候，还记得家里每一个人的生日，不仅是直系亲属，三代以内亲戚的生日她都记得。比如说某个侄儿过生日，但他人不在家，我奶奶就会在家里吃一碗面，说今天是某某的生日，我吃一碗面。

她能记住每一个亲戚的生日，有亲戚过生日的时候，她一定吃一碗面。有时候，我觉得这不仅仅是老人记忆力好的原因，关键是她有心，这是她表达爱的一种方式。所以，当时我们也给煊煊说要记住每个人的生日，因为这才是亲情。（妈妈说）

让孩子知道什么是"难能可贵"

煊煊：

你好！

大伯伯和大伯母的生日到了，他们两个人的生日在同一天。很巧。

晚上见到他们，请说：生日快乐！

外公写

2006 年 3 月 15 日

长干行（节选）

唐 李白

妾发初覆额，

折花门前剧。

郎骑竹马来，

绕床弄青梅。

妈妈为煊煊注：覆，念作"复"，是盖的意思。这里说的"床"，不是我们睡觉的床，而是井栏。

煊煊的大伯母和大伯父生日在同一天，夫妻一块儿过生日的概率并不大，难能可贵，所以我要写信告诉孩子。生日这天他们都很开心，当然，配的诗也很有趣。（外公说）

给孩子读诗应该应景应时

煊煊：

　　你好！

　　今天是小姨婆的生日。过生日要吃长寿面，还要点蜡烛，吃生日蛋糕。

　　　　　　　　　　　　　外公写

　　　　　　　　　　　　　2006 年 3 月 18 日

杂诗

唐 王维

君自故乡来，

应知故乡事。

来日绮窗前，

寒梅著花未？

妈妈为煊煊注：著，在这里不念"住"，而是念作"灼"，著花，就是开花。

　　三月份我们家过生日的人特多，所以我集中把生日的概念写给孩子学习一下。（外公说）

　　小姨婆是我妈妈的妹妹，她来我们家，所以是"君自故乡来"，就是告诉煊煊她是从外婆的故乡来，所以外公的这首诗很契合，很有意义。在给煊煊讲解这首诗的时候，还可以告诉孩子外婆老家的事，外婆听了也欢喜。实际上，这样来教孩子非常应景、应时。（妈妈说）

你是一个小小男子汉，大小便应该进男厕所

小小男子汉张奕煊：

　　你好！

　　男孩大小便进男厕所，你是一个小男孩，大小便应该进男厕所。

外公写

2006 年 3 月 21 日

夏日绝句

宋 李清照

生当作人杰，

死亦为鬼雄。

至今思项羽，

不肯过江东。

　　教会孩子吃喝拉撒有好处，反正没坏处，而且教会孩子进哪个厕所必须早点教。（外公说）

　　这首诗比较有男子气概，外公之所以配上这首诗，其中一个原因是想让他具有男子汉的性格。我觉得从小培养孩子的男子气概，对他以后大有好处。（妈妈说）

让孩子多接触有天地之气的东西，生命力更旺

我的好朋友煊煊：

　　你好！

　　今天天气很好。我们一起去玩。我们带着玩具，一起去挖沙，一起捉小虫。

　　　　　　　你的好朋友外公写

　　　　　　　2006 年 3 月 24 日

咏柳

唐 贺知章

碧玉妆成一树高，

万条垂下绿丝绦。

不知细叶谁裁出，

二月春风似剪刀。

　　玩具不是越贵越好，也不是花钱买的就好。有时，捡到一片好看的树叶、一粒漂亮的小石子，采到的一朵小小的野花……都可能是小朋友的最爱。所以，我会尽量带煊煊去外面玩，我觉得可以让小孩子亲近大自然，接地气，重要的是孩子玩这些都很开心。

　　附上这首诗是因为春天来了，应景。（外公说）

　　外公带孩子玩，孩子都玩得很开心。外公现在也用同样的理念在教育我妹妹的孩子，也就是我的外甥。我外甥曾说他最好的玩具是大米。他喜欢用手去抓大米的感觉，觉得很舒服。

　　在我看来，粮食是有生命的。有天地之气的东西，跟非自然的东西接触起来感觉完全不一样，所以我很赞同外公带煊煊去接触大自然。（妈妈说）

"小便咬紧牙，到老不掉牙"：如何让孩子从小养成一个对他一辈子都有好处的习惯

煊煊：

你好！

小便咬紧牙，到老不掉牙。

这句话一定要牢牢记住。

外公写

2006 年 3 月 30 日

秋浦歌

唐 李白

白发三千丈，

缘愁似个长。

不知明镜里，

何处得秋霜。

妈妈为煊煊注：白头发好长呀，竟然有三千丈（一丈等于十尺，大约有三个大煊那么高）。也是不是很夸张？但是非常生动形象。

小便时咬紧牙，这是我从小就教育孩子的，小孩养成这个习惯有好处，对他一辈子都有好处。（外公说）

中医讲究"齿为肾之标"，小便时咬紧牙关可以固住肾气。那时候，外公为了提醒大家这件事，在卫生间贴了一张纸，上面写着"咬牙切齿"四个大字，大家觉得很有趣，而那张纸也在卫生间里贴了好多年。（妈妈说）

"好朋友要相互扶持"：如何教孩子择友

小男孩张奂煊：

你好！

你是外公的好朋友，外公也是你的好朋友。

好朋友，手拉手，一起走。

外公写

2006 年 4 月 2 日

独坐敬亭山

唐 李白

众鸟高飞尽，

孤云独去闲。

相看两不厌，

只有敬亭山。

我写这封信是想告诉煊煊怎样择友，这只是个开始，后面还会有好朋友是什么样的，酒肉朋友是什么样的，等等。我认为，如果家长以一种强硬的方式教育孩子，比如，"你不要跟这个人玩，你要跟那个人玩。"小孩子可能听不进去，而以这种方式来一步一步地教育孩子，我觉得更好。现在，孩子已经懂得跟好朋友要相互扶持的道理，给他的糖也是好朋友吃一块，他吃一块。（外公说）

这一天，李白在敬亭山一个人坐了很长时间。鸟儿们没有陪伴他，都高高地飞走了，天空中的一朵云也没有陪伴他，慢慢地向远方飘去了。还有谁愿意陪着他呢？只有敬亭山。敬亭山好像一个好朋友似的，和李白互相默默地对望着，谁也没有厌烦对方。谁能够理解李白此时此刻的心情呢？只有这敬亭山了。所以，在一个人孤独、失意的时候，还能陪伴在他身边的，才是真正的朋友。（妈妈说）

2006 年·春
孩子 3 岁 4 个月

教孩子知识之前，家长要先做好功课

煊煊：

你好！

今天是一个节日，叫作清明节。清明的意思是清洁、明亮。

外公写

2006 年 4 月 5 日

清明

唐 杜牧

清明时节雨纷纷，

路上行人欲断魂。

借问酒家何处有，

牧童遥指杏花村。

妈妈为煊煊注：写清明节的诗很多，这首诗是最有名的。现在人们一提到"杏花村"，就会想到酒家。

写这封信时，因为害怕弄错了，我还特地查了书中清明节"清明"的确切意思。因为有时候，煊煊读完信后会主动问我问题，到时候我就要尽可能地用通俗易懂的语言给他讲解。（外公说）

外公是一个理科生，做事情很严谨。（妈妈说）

教孩子当好小主人，让孩子在不经意间就懂得责任感

煊煊：

你好！

明天，妈妈请她的朋友带孩子来家里做客。

有四位小朋友。你要当好小主人，带他们一起玩。

你的好朋友外公写

2006 年 4 月 8 日

明日歌（节选）

明 文嘉

明日复明日，

明日何其多。

我生待明日，

万事成蹉跎。

因为有四个小朋友要过来，所以我写这封信让煊煊有所准备。结果那天他表现非常好，带着小朋友吃东西，把自己的玩具拿给大家一起玩，跟小主人一样。爱跑爱跳，爱玩爱闹是小朋友的天性，所以，家长应该让小朋友开开心心地玩，如果过度干涉反而使大家都不高兴。（外公说）

我发现，就是因为外公在孩子小时候这样教他，所以煊煊很自然地学会了怎么带小孩。前段时间，我们在家招待了几个我的朋友，其中一位带了一个两岁多的小男孩，那孩子很爱动，一刻不离开他的妈妈。我们一起吃饭，煊煊早早吃完就主动提出要去带那个孩子，然后他把那位小朋友领进了自己的房间。小朋友的妈妈说："你看吧，不到十分钟我儿子就会跑出来。"结果十分钟过去了，房间里悄无声息的，过了二十分钟煊煊跑出来告诉我："放心吧，我在教他数钱，我在教他一块钱等于一百分钱。"然后又过了二十分钟，煊煊又跑出来，让我取一下他的钢琴课本。小朋友的爸爸好奇地问："怎么能这么乖呢，怎么过了这么久他还能听你儿子的话呢，我去看看怎么回事。"他悄悄地把门推开一条缝，看到煊煊在手把手地教那个孩子弹钢琴。（妈妈说）

如何让孩子知道"什么是过去、现在、将来"

小朋友煊煊:

　　早上好!

　　每星期有七天:星期日,星期一,星期二,星期三,星期四,星期五,星期六。星期六以后又是星期日了……

　　　　　　　　你的好朋友外公写

　　　　　　　　2006 年 4 月 9 日

今日歌(节选)

明 文嘉

今日复今日,

今日何其少。

今日又不为,

此事何时了?

　　写这封信是为了教孩子时间的概念,因为时间比较抽象,所以从简单的星期开始教,告诉他时间是可以循环的。一开始,煊煊对星期的理解并不深,读好多次后就明白了。(外公说)

　　《今日歌》是跟前面的《明日歌》一个系列的,给孩子读一读能让他明白今天的含义,告诉他今天就是现在,今天过去了就变成昨天,再也回不来了,今天该做的事情,一定把它完成,不要拖到第二天,因为第二天还有第二天的事情,让他记住:"今日事,今日毕。"后面有几封信也是教时间的。一开始是跟煊煊讲解今天和明天,然后是讲星期一到星期日,接着是一年有 365 天,再是春夏秋冬四个季节,一整个系列,一个阶段教他一些。其中还给孩子渗透了活在当下的理念,慢慢让孩子知道什么是过去什么是将来,非常有深意。(妈妈说)

如何教孩子理解 "昨天" 这个概念

煊煊:

早上好!

昨天你们几个小朋友玩得真开心。

你们玩了轮滑、滑滑梯,还有蹦床。

你的好朋友外公写

2006 年 4 月 10 日

江畔独步寻花

唐 杜甫

黄四娘家花满蹊,

千朵万朵压枝低。

留连戏蝶时时舞,

自在娇莺恰恰啼。

妈妈为煊煊注:畔,念作 "判",就是河边。蹊,念作 "溪",就是小路。

这封信是给煊煊强调昨天的概念,信上我讲的都是昨天的事情,但是在不同的时间,它是明天或今天。结合昨天的信,能加深孩子对时间的了解。(外公说)

如果孩子连父母生日都记不住，又怎能尽孝

好孩子小煊：

早上好！

爸爸生日是十二月三日，妈妈生日是三月六日。

你可要牢牢记住。

外公写

2006 年 4 月 15 日

绝句

唐 杜甫

迟日江山丽，

春风花草香。

泥融飞燕子，

沙暖睡鸳鸯。

妈妈为煊煊注："迟日"，指春日。

我会经常给孩子重复亲人的生日，让他牢牢记住。因为世上没有不知道孩子生日的父母，但反过来却不尽然。如果孩子连父母生日都不知道，又怎能尽孝？所以，让孩子记住爸妈的生日非常重要。（外公说）

真有一些人记不住亲人的生日，记得上大学的时候我问某个同学，他爸爸的生日在哪一天？他说不知道，想不起来了，我觉得太惊讶了。现在想来，可能小时候他的家人没有给他强调过这件事吧。（妈妈说）

鼓励孩子参加公益活动有什么好处

煊煊：

　　你好！

　　你和爸爸妈妈一起去参加植树活动，你种了三棵树，真了不起！

外公写

2006 年 4 月 18 日

张奕煊在树上挂的留言牌——

　　这是张奕煊和妈妈、爸爸种的树。

　　今天来的人可多了！

张奕煊说

妈妈写

2006 年 4 月 18 日

相思

唐　王维

红豆生南国，

春来发几枝？

愿君多采撷，

此物最相思。

　　带孩子参加植树活动时做留言牌的目的是想多培养一下煊煊的表达能力，前一个阶段着重谈记忆、亲情、日期等内容，这一个阶段我着重开始培养煊煊的表达能力了。（外公说）

　　孩子是未来的主人翁。多带孩子参加公益活动，从小培养孩子的社会责任感，有助于他将来变成一个大写的人。（妈妈说）

教育孩子，必须懂他的心理才能达到目的

煊煊：

　　早晨好！

　　你是一个勇敢的好孩子。

　　你喜欢听故事，外公每天讲一个故事给你听，好不好？

外公写
2006 年 4 月 23 日

晚春

唐　韩愈

草木知春不久归，
百般红紫斗芳菲。
杨花榆荚无才思，
惟解漫天作雪飞。

妈妈为煊煊注：现在是四月下旬，每年这个时候，北京到处飘飞着杨花和柳絮，真像下雪一样。

　　我经常讲故事给煊煊听，也希望他讲给别人听，就是想训练他的表达能力。后面他也开始给我讲故事了。（外公说）

　　外公逻辑性很强，写这一封信只是在埋伏笔。他下围棋下得很好，每次都是先布好局，深谋远虑地一步一步地下。之所以把《晚春》这首诗放在这里，是因为煊煊要去上海了，要出远门了，怕他不适应，先给他打气，所以就夸奖说"你是一个勇敢的好孩子"，外公真的很懂儿童心理。（妈妈说）

爱听外公讲故事的小孩也要讲故事给爸爸妈妈听

爱听故事的小男孩张奕煊：

早上好！

昨晚上外公讲的武松打虎的故事，你还记得吗？今天你讲给爸爸、妈妈听，他们也一定喜欢听。

也喜欢听故事的外公写

2006 年 4 月 26 日

大风歌

汉 刘邦

大风起兮云飞扬，

威加海内兮归故乡，

安得猛士兮守四方！

妈妈为煊煊注：兮，念作"西"，是"啊"的意思。

我开始训练煊煊讲故事。他最喜欢讲的故事是"三碗不过岗"，男孩子嘛，对这种故事比较感兴趣，而且他对酒很好奇。

但是，千万不能让小朋友尝尝酒的味道，酒精会大大伤害小朋友的视力。况且，抽烟、酗酒、吸毒几乎都是从尝味道开始的。（外公说）

有一次煊煊问我酒是什么味，他想尝一尝，我说不可以，到十八岁才可以喝酒。（妈妈说）

每一封信都是一颗种子：如何培养孩子爱读书的好习惯

爱看书的小朋友张奕煊：

　　你好！

　　明天我们出发回上海。你可以带上两本喜欢的书在路上看。

外公写

2006 年 4 月 27 日

渡汉江

唐 宋之问

岭外音书断，

经冬复立春。

近乡情更怯，

不敢问来人。

妈妈为煊煊注：怯，念作"切"，是害怕的意思。

　　从煊煊上幼儿园开始，我们就不再读书给他听了，除非是《道德经》那种需要解释的书。我们基本上让他自己看书，他也能大致理解书中的意思。（外公说）

　　小孩出远门，路途中他也不知道干吗，所以可以给他带两本书在路上读，一是让他打发无聊的时间，二是他自己也喜欢读书。从这以后，每次带他出远门，我都会给他带两本书。

　　自从他学会阅读以后，我带他就轻松多了。很小的时候带他出门需要全程照顾他。他能自己读书后，我就不用管他了，不管到哪儿，他都能安安静静地看书。比方说如果我带他出去跟人家谈事情，有的小孩等上一会儿就会不耐烦，他就不会，他会一直拿着书在那儿看，直到你叫他。

　　所以说，外公的每一封信都是一颗种子，让煊煊在成长的过程中养成了很多很好的习惯。（妈妈说）

"千里江陵一日还"：如何给孩子强调时间概念

小男孩张奕煊：

　　早上好！

　　我们下午出发。从北京到上海有一千五百公里，坐火车要一个晚上，坐飞机两个小时到。

外公写

2006 年 4 月 28 日

下江陵

唐 李白

朝辞白帝彩云间，

千里江陵一日还。

两岸猿声啼不住，

轻舟已过万重山。

　　我想给煊煊强调一下时间概念，所以把坐火车与坐飞机的时间都在信里告诉了他。配的诗中也有"千里江陵一日还"，还算贴切。（外公说）

　　我是文科生，我父亲是理科生，但是，我写稿子的习惯受到了他的影响，就觉得写东西应该言简意赅，每篇稿子写完了，我一定还要再读一遍，读的过程中，感觉可有可无的字和词都删掉，让文章尽量地精练。因为我觉得写东西最重要的是分享给读者有用的知识。

　　我特别喜欢外公的文字，因为外公没有一句文科生那种无病呻吟的东西，情感全部在里面，含而不露。（妈妈说）

2006 年 · 春
孩子 3 岁 5 个月

有些事不一定要孩子当场懂，但是要告诉他，就像撒种子一样，时间到了就会发芽

北京来的小朋友煊煊：

　　早上好！

　　我们一起去世纪公园参加游园会。

　　一百年是一个世纪，现在是公元二十一世纪。

外公写于上海

2006 年 5 月 1 日

忆江南

唐　白居易

江南好，
风景旧曾谙。
日出江花红胜火，
春来江水绿如蓝，
能不忆江南。

妈妈为煊煊注：谙，念作"安"，就是熟悉。

　　当时我们住在世界公园旁边，煊煊看完这封信后，我就给他讲解世纪是什么，告诉他一个世纪正好是一百年。

　　有些事不一定要孩子当场懂，但是要告诉他，就像撒种子一样，时间到了就会发芽。孩子吸收了这些信息，将来自然会慢慢理解的。（外公说）

　　孩子特别小的时候，我就在家里贴了一张中国地图和一张世界地图，经常给煊煊看，让他知道我们所在的北京是这样一个地方，周围还有多么大的区域。后面的信中，外公还写过诸如"中国北京的小朋友煊煊"的称呼，来给孩子强调地域观念。（妈妈说）

当孩子在科技馆观察了细菌之后，他就懂得了不洗手的危害

煊煊：

晚上好！

我们今天在上海科技馆玩得真开心。

这次你看到了细菌的样子。我们的手上有很多细菌。吃东西之前一定要好好地洗手。

外公写

2006 年 5 月 3 日

江南逢李龟年

唐 杜甫

岐王宅里寻常见，

崔九堂前几度闻。

正是江南好风景，

落花时节又逢君。

那天，我们在上海科技馆玩得很开心，孩子在那里第一次看到了显微镜，观察了细菌。以前告诉他吃饭之前要洗手，他可能只是被动地服从，但是在观察了细菌之后，他就懂得了不洗手的危害，所以让小孩子经常去科技馆、博物馆这些地方参观学习是很有好处的。

此外，因为是在上海，跟江南有些关系，所以我就在信里附上了这首《江南逢李龟年》。（外公说）

用"戴高帽"法培养孩子的智慧、勇气、独立等品质

石榴开花时，立夏就到了：如何教孩子记住节气

煊煊：

　　早上好！

　　今天是立夏，表示夏天到了。

　　夏天荷花开，青蛙叫，小朋友玩水真热闹。

外公写

二〇〇六年五月五日

2006年5月5日

初夏即事

宋　杨万里

从教节序暗相催，

历日尘生懒看来。

却是石榴知立夏，

年年此日一花开。

　　夏天来了，我们带孩子去荷花湖边玩。"荷花开，青蛙叫，小朋友玩水真热闹。"这一句是我随手写的，写得像顺口溜一样，当时的情形也确实是这样的，有很多小朋友在湖边玩。（外公说）

　　诗中提到了石榴，其实我家花园里就有一株石榴，就在靠近大门的地方。每年五月初的时候它就会开花，所以这样的诗小孩读起来是有切身体会的。他看到石榴花开就知道立夏了，应时应景。（妈妈说）

应景教孩子地理小知识能记得牢

煊煊：

　　你好！

　　在横沙岛，我们看到海水是黄色的，不是蓝色的，因为这里是长江流入大海的地方，江水中的泥沙把海水染黄了。

　　　　　　　　外公写于上海横沙岛

　　　　　　　　2006 年 5 月 7 日

登鹳雀楼

唐　王之涣

白日依山尽，

黄河入海流。

欲穷千里目，

更上一层楼。

　　横沙岛是上海的一个岛，我母亲在那个岛上养老。孩子之前没去过，这是他第一次去，去看我的母亲，也就是他曾外祖母。在这里，我顺便跟他讲解了下有关河流入海口的知识，因为他看到这里的海水是黄色的，跟他平时在书上看到的蓝色大海不一样，不理解。（外公说）

2006 年 · 夏
孩子 3 岁 5 个月

让孩子在柴米油盐酱醋茶中也获得成就感

认识很多字的小男孩煊煊：

你好！

看了这封信后，我和你一起去超市买盐，买酱油，还要买白糖。

你帮外公拿白糖，外公拿盐和酱油。

外公写

2006 年 5 月 9 日

回乡偶书

唐 贺知章

少小离家老大回，

乡音无改鬓毛衰。

儿童相见不相识，

笑问客从何处来。

妈妈为煊煊注：衰，在这首诗里念作"催"。

在写这封信之前，孩子从来没有单独去买过什么，也没有要他在回家的途中拿过什么东西。写这封信的目的就是要让他学着干活，有意识地让他帮忙，拿一个最好拿的东西，虽然他不一定能帮到多大的忙，但是要让他从小就知道为家人分担家务。好东西要分享，活也要分着干，让他养成这个习惯。（外公说）

小孩子最爱帮大人干活了，记得读完这封信后，煊煊当时很高兴地说："我全部都要做！"回来之后特高兴，觉得自己有能力帮助家人了，很有成就感。柴米油盐酱醋茶，这都是我们在日常生活中天天要用到的。外公信中的每一个布局都特别有深意。（妈妈说）

让孩子多接触各种各样的知识，他才会慢慢知道自己喜欢什么

喜欢画画的小男孩张奕煊：

你好！

今天我们去中国美术馆，参观了俄罗斯艺术三百年画展。我们看了很多油画。

用油调颜料画的画叫油画。用水调颜料画的画叫水彩画。你现在画的是水彩画。

外公写

2006 年 5 月 13 日

画

唐 王维

远看山有色，

近听水无声。

春去花还在，

人来鸟不惊。

妈妈为煊煊注：王维不仅是有名的诗人，也是一位画家。苏东坡称赞："品味王维的诗，诗中有画；观赏王维的画，画中有诗。"

去中国美术馆看了画展后，我就想鼓励孩子画画，看是否能培养他这门兴趣爱好。事实上，那个时候他的确很喜欢画画。后来，煊煊四岁多的时候还画了一张自画像，拿到他妈妈面前说："这就是我。"他妈妈问他："你为什么喜欢画画？"他说因为他很聪明。这幅画对他鼓励很大，我们还专门去给他裱起来了。可能是因为这是他的第一幅作品，一直到现在他也很重视这幅画，小朋友来了他也介绍这是他画的。（外公说）

如果家长上网搜索油画是什么，可能难给孩子一个清楚明了的解释，因为网上写得太专业，太复杂，三岁的小孩子难以理解。外公的解释就很简单。煊煊在2006 年的时候，仅仅是画蜡笔画，后来就开始画水彩画了，等到六岁时，就画水墨画，也画过油画。实际上我并不要求他画得有多好，外公有一句话，就是让孩子多接触各种各样的知识，然后孩子会慢慢知道自己喜欢什么，所以我们只是给他一些机会去接触画画，但并没有要求他一定学到什么程度。（妈妈说）

2006 年·夏
孩子 3 岁 6 个月

母亲节，我们一起祝妈妈、外婆和奶奶节日快乐

妈妈的小宝贝大煊：

　　早上好！

　　今天是母亲节。每年五月的第二个星期日是母亲节。

　　我们一起祝妈妈、外婆和奶奶节日快乐！

　　　　　　　　　　　　　外公写

　　　　　　　　　　　2006 年 5 月 14 日

游子吟

唐　孟郊

慈母手中线，

游子身上衣。

临行密密缝，

意恐迟迟归。

谁言寸草心，

报得三春晖。

　　母亲节那天的礼物我还收藏着。我有一个抽屉，专门存煊煊给我做的东西。煊煊的礼物都是自己做的，家里人从来不会给他钱让他去买礼物，我们都教他：你是小朋友，礼物要自己做，所以他给我做过很多。例如，他画过画，做过贺卡，给我做过项链、手链、戒指，还有钥匙坠，这些都是他用各种各样他能找到的材料做的，挺好的。记得有一次他还用杨柳条编了个花环作为礼物送给我。

（妈妈说）

如果家长光讲大道理，绝不会受小朋友欢迎

好孩子张奕煊：

你好！

昨晚外公给你讲了孙悟空大闹天宫的故事。今天晚上外公给你讲猪八戒吃西瓜的故事，你等着听吧。

外公写

2006 年 5 月 18 日

易水歌

战国 荆轲

风萧萧兮易水寒，

壮士一去兮不复还！

现在很多孩子只知道圣诞老爷爷，我觉得这并不好，中国人也应该知道中国人的故事。如果现在的孩子不知道孙悟空、猪八戒，等于说就是不知道中国文化了，因为这是中国文化很重要的一部分。

长得不漂亮、一身缺点的猪八戒，比正人君子唐僧更受小朋友欢迎，因为唐僧只会讲大道理。所以，如果家长光讲大道理，也不会受小朋友欢迎。（外公说）

那天晚上，外公主要给他讲了两个故事：一个是《西游记》里的，一个是《三国演义》里的。我感觉外公还是针对孩子的性别来选择的故事，因为我小时候他给我讲的是《红楼梦》，这很有趣。（妈妈说）

2006 年·夏
孩子 3 岁 6 个月

好朋友要每天都手拉手出去玩

煊煊：

你好！

我们是好朋友，手拉手一起去小花园里玩，一起做游戏。

我们玩得很开心。

外公写

2006 年 5 月 20 日

春日偶成

宋 程颢

云淡风轻近午天，

傍花随柳过前川。

时人不识余心乐，

将谓偷闲学少年。

我和煊煊基本上每天都手拉手出去玩，其实家长也可以尝试下与孩子手拉手地走，可以增加彼此之间的亲密度。写这封信重点在开心，那天大家都玩得开心。（外公说）

孩子需要家长多给予肯定

奶奶的乖孙子煊煊：

你好！

今天奶奶过生日，她收到你画的生日卡片会很高兴的。

外公写

2006 年 5 月 26 日

游子

唐 孟郊

萱草生堂阶，

游子行天涯。

慈亲倚堂门，

不见萱草花。

其实，我写这封信之前，煊煊已经把给奶奶的生日卡片画好了，所以我写这封信只是想表扬他，告诉他奶奶收到他的生日卡会很高兴，给他一种肯定。

孩子需要家长多给予肯定，这对他的健康成长非常有好处。（外公说）

如何让孩子知道分享的真正含义

张奕煊小先生：

　　早晨好！

　　今天天气很好，我们手拉手一起去玩，还要带两个苹果，玩累了一起分享。

外公写

2006 年 5 月 27 日

绝句

唐 杜甫

两个黄鹂鸣翠柳，
一行白鹭上青天。
窗含西岭千秋雪，
门泊东吴万里船。

　　之所以称煊煊为小先生，就是想让他觉得自己受到了尊重。他爸爸收到的信，称呼都是先生，现在煊煊也是小先生了，所以他就开始重视自己了。（外公说）

　　除了让孩子觉得自己受到了尊重外，外公写这封信还想向煊煊灌输分享的概念，让他知道分享的真正含义。前面有几封信都是好朋友手拉手，现在就要学会把好东西分享给朋友，两个苹果一人一个。（妈妈说）

"今天是端午节，请你来吃粽子"：如何让孩子喜闻乐见传统习俗

煊煊：

　　今天是端午节，请你来吃粽子。粽子是糯米做的，里面有各种馅。

外公写
2006 年 5 月 31 日

端午节

现代 俞平伯

晨兴才启户，
艾叶拂人头。
知是中天近，
邻居为我留。

　　端午节那天，我实际上想告诉煊煊节气里面相关的一些知识，告诉他端午节我们要吃粽子，粽子又是怎么来的，让他有一个印象，从而对中华文化习俗有一个了解。（外公说）

母亲有母亲的节日，儿童有儿童的节日

煊煊：

　　早晨好！

　　今天是六一儿童节，祝你节日快乐！

　　　　　　　　　　　　外公写

　　　　　　　　　　　　2006 年 6 月 1 日

池上

唐 白居易

小娃撑小艇，
偷采白莲回。
不解藏踪迹，
浮萍一道开。

　　这应该是煊煊第一次对六一儿童节有一个基本的认识。两岁大的时候他也知道六一儿童节，但那个时候他可能不太理解，因为当时太小。读了这封信后，他就知道了，母亲有母亲的节日，儿童有儿童的节日。（外公说）

　　煊煊很重视这个儿童节，说"儿童节了你们送我什么礼物"，在他看来，母亲节他送我礼物了，所以儿童节他也应该收到礼物。前面曾跟他说过，你要祝妈妈节日快乐，你要祝老师节日快乐，儿童节这一天，我们就祝他节日快乐，他听了很开心。从这以后，他一直很期待这一天。（妈妈说）

"春有百花秋有月，夏有凉风冬有雪"：如何让孩子在开开心心中亲近自然

张奕煊小先生：

早上好！

一年有四季：春季，夏季，秋季，冬季。

夏季最热，冬季最冷。

外公写

2006 年 6 月 6 日

颂古

宋 释慧开

春有百花秋有月，

夏有凉风冬有雪。

若无闲事挂心头，

便是人间好时节。

妈妈为煊煊注：释，代表出家人。慧开，是他的法号。

夏天到了，外公跟煊煊讲了一下四季的概念，就是想让他亲近自然，一年四季都开开心心。（妈妈说）

2006 年·夏
孩子 3 岁 6 个月

如何让孩子在玩的过程中学会观察，加深记忆

喜欢看鱼的小男孩张奕煊：

　　晚上好！

　　爸爸妈妈带你去海底世界玩得真开心。

　　请给我们讲一讲，海洋里最大的鱼是

什么？

　　　　　　　　　　　　　　外公写

　　　　　　　　　2006 年 6 月 10 日

江上渔者

宋 范仲淹

江上往来人，

但爱鲈鱼美。

君看一叶舟，

出没风波里。

妈妈为煊煊注：仲，念作"众"。鲈，念作"卢"。没，是多音字，这里读作"末"。

　　从海底世界回来后，我问孩子："海洋里最大的鱼是什么？"他跟我讲他知道了。其实写这封信就是为了让他学会在观察的过程中记忆和学习。（外公说）

　　三岁多的小孩对动物的图片记得很清楚，带他去看真实的动物，可以加深他的印象。所以后来煊煊简直像是动物百科全书，他能认识很多动物，对不同的动物分得很清楚。（妈妈说）

不要让孩子在亲人间有亲疏之别

小朋友煊煊:

　　早晨好!

　　爷爷、奶奶,外公、外婆,爸爸、妈妈,煊煊。我们都是一家人,我们都是好朋友。

外公写

2006 年 6 月 11 日

无题

唐　白居易

谁道群生性命微,

一般骨肉一般皮,

劝君莫打枝头鸟,

子在巢中望母归。

　　爷爷、奶奶是一家,外公、外婆是一家,我们都是一家人。我不想让孩子觉得因为跟我们待得久一些,就很亲;跟爷爷、奶奶待得少一些,就生疏,所以写这封信的目的是跟煊煊强调一下,要他跟所有的亲人都亲近,不要有亲疏之别。我觉得这特别重要。(外公说)

　　爷爷、奶奶不在时,外公跟他在一起也经常会提到爷爷、奶奶,让他一样地对待,告诉他,爷爷奶奶都很喜欢他,让他体会到一家人的这种亲情。从这封信里可以看出,外公对标点符号也挺重视,用逗号或是用分号都很讲究。(妈妈说)

2006 年 · 夏
孩子 3 岁 7 个月

一件很小的事就能教孩子懂得感恩

小男孩煊煊：

　　早晨好！

　　爸爸、妈妈给你买了一件新衣服，还买了一双新鞋。你要记住说：谢谢爸爸！谢谢妈妈！

　　　　　　　　　　　　外公写

　　　　　　　　　　　　2006 年 6 月 17 日

古艳歌

汉 无名氏

茕茕白兔，

东走西顾。

衣不如新，

人不如故。

妈妈为煊煊注：无名氏，就是说不知道这个作者的名字。茕，念作"穷"，是孤单的意思。

　　这是开始教他学会感谢父母，以前的信里我没有重视过这个问题，这里开始重视了，要他知道感恩，而且让他对新旧有个概念。（外公说）

夏天，可以让孩子多观察昆虫

喜欢昆虫的煊煊：

　　早上好！

　　今天是夏至。过了夏至，天气就会变得很热，知了也要开始叫了。我们一起去花园里找知了玩好不好？

外公写

2006 年 6 月 21 日

所见

清　袁枚

牧童骑黄牛，

歌声振林樾。

意欲捕鸣蝉，

忽然闭口立。

妈妈为煊煊注：樾，念作"越"，指路旁遮阴的树。

　　六月的夏天，天气很好，带孩子出去玩的时候可以接触到很多昆虫。包括蜜蜂，知了，蚂蚁等。这段时间他特别喜欢抓虫，所以我经常带他出去玩，一是因为每次出去他都玩得很开心，二是我想让他接触大自然最好的时候。（外公说）

　　春天的时候煊煊就开始养昆虫了，这时他对昆虫很感兴趣，我给他弄了一个玻璃瓶，他就把抓到的昆虫养到里面每天观察。

　　孩子到了某个阶段，就会学着观察事物，所以那段时间他养了很多昆虫，每天都出去捉，什么都捉过，例如，天牛、知了、蚂蚁、小虫子等。（妈妈说）

2006 年·夏
孩子 3 岁 7 个月

"看小蚂蚁时，我就想到，得培养孩子的集体主义精神"：如何教孩子从小懂得跟别人合作的益处

爱吃水果的煊煊：

你好！

昨天我们一起看蚂蚁搬东西。一群小小的蚂蚁，大家齐心合力，把一条虫搬回家了。这条虫成了小蚂蚁们共享的美食了。

外公写

2006 年 6 月 22 日

闲居初夏午睡起

宋 杨万里

梅子留酸软齿牙，
芭蕉分绿与窗纱。
日长睡起无情思，
闲看儿童捉柳花。

当我们跟着孩子一起去看小蚂蚁时，我就想到，得培养他的集体主义精神，于是就写了这封信，告诉他，虽然一只蚂蚁很渺小，但是一群蚂蚁就能搬走那么大一条虫，把它变为它们共享的美食。就是想让他懂得人多力量大的道理，希望将来真正大了以后也像蚂蚁一样，懂得如何跟别人合作。（外公说）

之前我们还没有带煊煊去仔细观察过蚂蚁。带他去看蚂蚁就是想鼓励他去观察。（妈妈说）

学会给孩子戴"高帽子"，孩子就可能对学习很感兴趣

喜欢数学的小朋友煊煊：

你好！

今天是小雨姐姐的生日。小雨姐姐是 2000 年出生的。请你算一下，她今年几岁了？

外公写

2006 年 6 月 24 日

蒙学诗

宋 邵雍

一去二三里，

烟村四五家，

亭台六七座，

八九十枝花。

妈妈为煊煊注：雍，是雍和宫的雍，念作"拥"。

三岁多的孩子对数学没有什么概念，但是我会经常鼓励他，给他戴高帽，培养他的兴趣。我觉得，爱打篮球的人在烈日下也玩得很开心，不爱打篮球的人发爱喝的饮料请他们去看也不愿意。培养小朋友的学习兴趣才是第一位的，有了兴趣才会自己要求学，才爱学，才学得好。强迫小朋友学习不会成功。

从这封信开始我就教他数学了，一开始是教加减法，后来再逐渐加深难度，所以现在煊煊的数学相当地好。这首《蒙学诗》也是跟数字有关系的，从中文数字一到十都有出现。（外公说）

这些信里面其实贯穿了我们中国人的传统，中国人很重视家庭氛围，是家人就是家人，而且还长幼有序，内外有别，亲人就是亲人，哪怕是很多年没有见也是亲人。

亲人也包括他的堂姐小雨，我们都跟他说这是一家人。亲人里面不能分亲疏。"谁跟我待的时间长我就跟谁好，谁跟我待的时间少，就是对我不好。"不要让孩子产生这种情绪。（妈妈说）

如何在玩游戏的过程中提高孩子的数字感受能力和互助意识

亲爱的小朋友大煊：

　　早晨好！

　　外公买了一根跳绳，我们现在就一起去玩。

　　外公跳，你帮着数数。你跳，外公帮着数数。我俩一起玩，互相帮助，一定会玩得很开心。

　　　　　　　　　　喜欢跳绳的外公写

　　　　　　　　　　2006 年 6 月 26 日

舟夜书所见

　　清　查慎行
月黑见渔灯，
孤光一点萤。
微微风簇浪，
散作满河星。

妈妈为煊煊注："查"字作姓的时候，念作"扎"

　　写这封信就是鼓励煊煊学数学，培养他的数字感受能力。不光是这样，我还让他意识到这是好朋友之间在互相帮助，一起开心地玩。（外公说）

　　我感觉外公的教育特别好，不光是教育煊煊，包括在教育我的时候，他不会在一开始就灌输理念，画一个圈告诉你必须怎样，他的教育方式一直都是循循善诱的，无形间就把自己的理念渗透了，让你不自觉就学到了东西，整个过程还特别高兴，以为这些都是自己的成果。（妈妈说）

"玩游戏不能总是让孩子赢"：如何对孩子进行挫败教育

喜欢吃水果的小男孩大煊：

　　你好！

　　今天我俩去玩丢石子游戏：在地上画一个大圈，谁把石子丢进圈里就得一分。最后，看谁得分最多，谁就是胜利者。

　　我希望我是胜利者！

外公写

2006 年 7 月 3 日

塞下曲

唐　卢纶

林暗草惊风，

将军夜引弓。

平明寻白羽，

没在石棱中。

妈妈为煊煊注：没，是多音字，在这里要念成"末"。

　　玩游戏不能总是让孩子赢，有时候我会让着他，但我也要赢几盘，让他感受到一点挫败的感觉，对他进行挫折教育。

　　过去，我曾在报纸上看到一个成绩很好的学生，考上了清华大学（考上清华的人差不多都是中学在班里面长期得第一名的学生），可到了清华以后，他有一次考试落到了全班的后几名，因无法接受，结果自杀了。所以，我就很重视对他抗压能力的培养。（外公说）

　　其实刚开始看到外公跟煊煊玩这种丢石子的游戏时，我们都觉得好幼稚，但没想到孩子玩得很开心，而且简单易学。外公在地上画一个圈，然后他俩就往里面丢石子，可以玩半天。后来外公跟我说这其实也是在教煊煊数数，我才知道外公的用心良苦。（妈妈说）

要教就教给孩子一听就明白的知识

聪明的小男孩张奕煊：

今天是小暑。暑是热的意思，小暑就是小热，还不是很热。

夏天天热，所以夏天学生放的假叫作暑假。

下星期幼儿园就开始放暑假了。

外公写
2006 年 7 月 7 日

晓出净慈寺送林子方

宋 杨万里

毕竟西湖六月中，
风光不与四时同。
接天莲叶无穷碧，
映日荷花别样红。

外公介绍节气和暑假的方式很好理解，意思很明确，感觉儿童一听就能明白，我觉得特别适合给儿童讲解。（妈妈说）

放风筝时可以教孩子什么

一天天长高的小男孩张奕煊：

你好！

昨天外公看见有人在放风筝，很好玩。今天他们可能还要放，我们一起去看。

以后，我们也去买一个风筝，我们一起去放。

外公写

2006 年 7 月 8 日

村居

清 高鼎

草长莺飞二月天，

拂堤杨柳醉春烟。

儿童散学归来早，

忙趁东风放纸鸢。

妈妈为煊煊注：鼎，念作"顶"。鸢，念作"渊"，就是老鹰。古代把风筝称为纸鸢。风筝是纸做的，像老鹰一样可以飞得很高，所以叫做纸鸢。

这是带孩子去看别人放风筝，他还太小，不会放风筝，只能在一旁看。（外公说）

2006 年 · 夏
孩子 3 岁 8 个月

孩子总有一天要离开家长，所以一定要早点培养他的独立能力

勇敢的小男孩张奕煊：

　　明天你就要去参加夏令营了。

　　你将和小朋友们一起住在夏令营。这是你第一次在外面住宿，这表示你长大了，可以自己睡觉，自己起床穿衣服了。

　　预祝你在夏令营玩得开心！

外公写
2006 年 7 月 14 日

别董大

唐 高适

千里黄云白日曛，
北风吹雁雪纷纷。
莫愁前路无知己，
天下谁人不识君。

　　让煊煊去夏令营是一个大事，因为这是他第一次独自离家在外面住，全家人都非常重视这个事情，意见并不统一。我想让他去，因为我觉得孩子总有一天要离开家，一定要让他从小得到锻炼，让他知道自己长大了，可以自己睡觉自己起床穿衣服了，这次夏令营的活动能培养他的勇气。那首诗中"莫愁前路无知己，天下谁人不识君"这两句话，就是让他感觉自己很勇敢。（外公说）

　　当时他才三岁，爷爷奶奶有点不放心送他去夏令营，舍不得，因为家里人都不可以陪同，只有他们老师带着。为了这件事我们开了三次家庭会议，最后全家人才一致决定让他去。当煊煊收到这封信的时候，并没有这个概念，以为每天只是离开家人跟小朋友们出去玩，晚上会回来睡，等他去了夏令营他才知道：哇，没有家人在，我一个人在外面过夜。这对三岁的孩子来说真是一次冒险的经历。（妈妈说）

"一日不见如隔三秋"：孩子在外，要让孩子感受到家人的想念

大煊：

　　你好！

　　妈妈给你写了一封信，请张老师念给你听。

　　你已是一个懂事的大孩子了，全家人都喜欢你。

　　在夏令营里你进步很大，要谢谢各位老师。

　　全家人都很好，都在等你回来讲故事。

　　祝你快乐！

外公写

2006 年 7 月 17 日

采葛

诗经

彼采葛兮，

一日不见，

如三月兮！

彼采萧兮，

一日不见，

如三秋兮！

彼采艾兮，

一日不见，

如三岁兮！

　　因为怕煊煊在夏令营会想家，所以我就写了一封信，叫老师念给他听，这样就让他感觉到我们会关心他，他和我们在一起。配上这首诗也是告诉他，一日不见如隔三秋，我们都很想念他。（外公说）

2006 年·夏
孩子 3 岁 8 个月

如果大人担心这担心那，小孩子就会感受到大人的负面情绪，情绪也会受到影响

大煊：

　　祝贺你被评为夏令营"最勇敢小营员"！

　　今天爸爸妈妈去参加了夏令营的闭营活动，老师们都夸你在夏令营表现非常好，晚上睡觉没有哭，每天都玩得开心，去农场采摘了瓜果，还学会了包饺子。

外公写
2006 年 7 月 19 日

**子夜四时歌夏歌
（之八）**

南朝民歌
朝登凉台上，
夕宿兰池里。
乘月采芙蓉，
夜夜得莲子。

　　煊煊是夏令营里面年纪最小的，结果他被评为最勇敢的小营员。那个奖是名副其实的，因为其他小孩全都哭了，只有他没有哭。他在夏令营里还拍了很多照片，包饺子时都是笑眯眯的，举着包好的饺子特别开心。（外公说）

　　外公的信里根本就不问煊煊在夏令营吃得怎么样，穿得怎么样，其实这就是一种鼓励，表明我们信任他能处理好这些事情。

　　大人没有表现出担忧，小孩子也就不会去担忧，孩子反而会感觉到这是好事，如果大人担心这担心那，小孩子就会感受到大人的负面情绪，情绪也会受到影响。（妈妈说）

用"戴高帽子"的方法培养孩子的勇气

勇敢的小小男子汉煊煊:

你好!

天上已经乌云密布,可能过一会儿就要雷声隆隆,下倾盆大雨了。

打响雷时,妈妈胆小,可能害怕,你是勇敢的小男孩,赶快去照顾她,告诉她,有你保护她,有你在她身边,再响的雷也不要怕。

谢谢你!勇敢的小小男子汉。

也有点怕响雷的外公写

2006 年 7 月 22 日

夜闻雷雨大作

宋 陆游

暗空雾雨无时已,
卷地风雷却是晴。
九十老翁更事久,
寄言儿女不须惊。

因为小孩一听到打雷就会哭,我就鼓励他不要害怕,但是找了一个借口说妈妈胆小,而且外公也怕响雷,大家都是一样的。让他慢慢知道打雷会很响,怕响雷是正常的。这样一来,他就会想:原来妈妈和外公也会害怕打雷,也许我还比妈妈和外公勇敢一些,我只是小小的害怕,他们可能很害怕。就这样,我们给煊煊戴上一个"高帽子",正面去引导他,让他知道保护大人,让他有责任感。(外公说)

我儿子小时候偶尔会拍着我说:"小妈不要怕。"我就很奇怪:"为什么叫小妈?"后来我明白了,因为我们都叫他小煊,他就觉得小是一个可爱的意思,所以会说:"小妈不要怕。"表现出一种小小男子汉的责任感。(妈妈说)

一定要学会在小细节上满足孩子

小男孩张奕煊：

今天是大暑。小暑代表小热，大暑代表大热，是一年中最热的时候。

外公去超市买东西领到了一把小扇子，送给你，热的时候扇一扇风就凉快了。

外公写

2006 年 7 月 23 日

赤日炎炎

宋代民歌

赤日炎炎似火烧，
野田禾稻半枯焦。
农夫心内如汤煮，
公子王孙把扇摇。

这把扇子是我去超市买东西领的，记得上面还印着超市的广告，回来后就随手送给煊煊了。对小孩而言，这就是一个玩具，他十分喜欢。

我曾经给煊煊讲过一点《水浒传》，例如武松打虎的故事。这首诗在书里出现过，算是给他加深印象。（外公说）

过了好多年，煊煊还一直把这把扇子藏在他抽屉里，因为这是外公送给他的小扇子。可见小孩多么容易满足，其实只需要家人稍微关心他们一点，他们就会感受到并珍惜这种爱。（妈妈说）

如何让孩子在捉蝴蝶的过程中提高观察能力

爱学习的小男孩煊煊：

你好！

外公今天用铁丝、纱布和一根细竹竿做了一个捕虫网，今天我们一起去小花园里捉蝴蝶，好不好？

蝴蝶有一对大大的翅膀，翅膀上有美丽的花纹，在空中飞来飞去，漂亮极了。

希望我们今天玩得开心。

爱看书的外公写

2006 年 7 月 27 日

宿新市徐公店

宋 杨万里

篱落疏疏一径深，

树头花落未成阴。

儿童急走追黄蝶，

飞入菜花无处寻。

前面写上"爱学习的小男孩"是为了鼓励他在抓虫的过程中认真观察、学习。（外公说）

煊煊会仔细观察不同的蝴蝶，包括蝴蝶翅膀上有什么东西。甚至他还会观察外公是怎么做捕虫网的，那个捕虫网到现在他还留着。在外公看来，自己做的玩具更好玩，回归自然比什么都好。（妈妈说）

2006 年 · 夏
孩子 3 岁 8 个月

家长应该教给孩子一些天文学知识，孩子以后才会自己抬头去观察星空

煊煊：

今天是一个节日，叫七夕。

在天上，有两颗星星，一颗叫作牵牛星，一颗叫作织女星。它们中间隔着一条银河。传说，牵牛星是一个放牛的牛郎，织女星是一个会织布的仙女。他们只能每年七夕见一次面。

外公写
2006 年 7 月 31 日

秋夕

唐 杜牧

银烛秋光冷画屏，
轻罗小扇扑流萤。
天阶夜色凉如水，
卧看牵牛织女星。

那天晚上我们的运气不错，满天繁星。我指着星空告诉煊煊哪一颗是牛郎星，哪一颗是织女星，哪里是银河，让他了解一些天文学知识，一老一小玩得很开心。

后来有一天晚上我带他去超市买东西，路上我朝天上看，他也停下来，跟着我一起看，然后一脸兴奋地跟我说哪里是哪个星座，当时我很惊讶他能记得这么牢。

现在的孩子，真正观察星空的少了，我觉得，家长应该教给孩子一些天文学知识，只有这样，孩子以后才会自己抬头去观察星空。如果你不教，他可能永远都不知道。自从这个事情以后，煊煊就喜欢上了天文上的东西，所以说一件小事，就可能引起孩子一方面的兴趣。

我也在他的书房里，看到不少天文学方面的书。所以，家长可以告诉孩子一些新的东西，不一定非要他们感兴趣，能够启发孩子就好。（外公说）

其实家长完全可以手绘一下星空，先画一下银河，然后把牵牛星和织女星画出来，具体怎么画，家长可以去网上搜索一下。教会孩子这些，可以培养孩子探索自然的兴趣和对神秘宇宙的向往之情。（妈妈说）

孩子们玩的时候，家长要稍微离得远一点

煊煊：

你好！

今天我们去儿童游乐场和小朋友们一起玩。

小朋友在一起玩，大家都开心。

外公写

2006 年 8 月 5 日

凉州词

唐 王翰

葡萄美酒夜光杯，

欲饮琵琶马上催。

醉卧沙场君莫笑，

古来征战几人回。

写这封信是鼓励他和小朋友一起玩儿，鼓励他与别人交流。

我觉得，孩子之间的交流很重要，所以孩子们玩的时候，我们就稍微离得远一点，让他们自己玩，我们不参与，注意他们的安全就行。这样子小朋友玩得才起劲，大人去参与就不同了，因为有人管着跟没人管着的孩子是不一样的。除非发生一点过分危险事情的时候，或者他们要打起来了，大人可以去管一下。

所以说，有一些同班的、同一个幼儿园的孩子经常会一起去玩，家长们提前打个电话，说一声就可以了。（外公说）

如何培养孩子最欠缺的逆向思考能力

如何让孩子明白"立秋"的意义

煊煊：

　　今天是立秋。立是开始的意思，表示秋天开始了。立秋要"贴秋膘"，就是要多吃一些有营养的东西，让身体长得壮壮的，冬天就不怕冷了。

外公写
2006年8月7日

妈妈为煊煊注：翰，念作"汉"。

立秋

宋 刘翰

乳鸦啼散玉屏空，
一枕新凉一扇风。
睡起秋色无觅处，
满阶梧桐月明中。

　　为了告诉孩子立秋的意思，我还仔细地去查字典，生怕弄错了。北京的说法是立秋要"贴秋膘"，四川、上海没有这个说法。

　　那一天我们鼓励他多吃一点东西，这个当然和秋天到了有关系，立秋嘛，就是要为寒冷的冬季储存能量。（外公说）

一定要让孩子学会游泳

爱运动的小伙子张奕煊：

　　早上好！

　　今天天气很热，下午我俩一起去游泳。游泳池里很好玩，也很凉快。

　　学会游泳就是学会一种本领，你想，不会游泳的人不小心掉进河里多危险呀。

外公写

2006 年 8 月 12 日

豫章东湖

宋 戴复古

亭亭绿荷叶，

密密罩清波。

为见湖光少，

却嫌荷叶多。

　　我觉得一定要让孩子学会游泳，游泳不仅仅是一个锻炼身体的方式，也是一种生存的能力。学会游泳等于学会了一种防身本领，不可小视。现在学校里会教孩子发生火灾怎么逃生，地震怎么逃生，其实教会孩子游泳也同样重要，特别是住在离河不远的家庭。（外公说）

　　外公曾经救过三个溺水的小孩。当时一个小孩掉水里了，另外两个小孩就想去把他拉上来，但是溺水的人会有强烈的本能反应，会紧抓住人不放，结果岸上的两个小孩都被拉下去了。所以培养孩子的安全意识也很重要。

　　我记得我很小的时候就已经会游泳了，外公就教我说："在对溺水者施救时，一定要从后面托这个人，因为如果从前面救他，他就会抱住你。"外公还告诉我，"如果对方已经溺水了，在神志不清地挣扎，必要的时候你可以把他打昏，再把他拖上来，这样才能救他。"其实我也可以说是近似于救了一个人，有一次我在北戴河海滨游泳，后面一个男的说他抽筋了，向我求救，于是我就从后面托着他，把他给救上了岸。（妈妈说）

2006 年·秋
孩子 3 岁 9 个月

如何读字就能尽快识字

大煊：

你好！

你是一个好孩子。你的童车是"好孩子"牌。

好孩子坐"好孩子"童车，"好孩子"童车好孩子坐。

今天这首诗很有趣，要顺时针转着圈念，你会念吗？

外公写

2006 年 8 月 18 日

赏花

宋 苏轼

赏花归去
暮　马
已　如
时　飞
醒微力酒

答案：

赏花归去马如飞，
去马如飞酒力微。
酒力微醒时已暮，
醒时已暮赏花归。

　　这件事情挺有趣，当时家里给孩子买了一辆童车，牌子就叫"好孩子"，所以我就随手编了两句话，有点顺口溜的味道，也有点像绕口令，让他念着玩，很有趣。我让他从最后一个字念到第一个字，他真的念出来了，一个一个念，其实有些字他不太会，但他很聪明，有他的方法——联系上下文。比方"你的童车是'好孩子'牌"，这个童字他不认识，但是他能猜到他的车是童车。但是我就想了一个办法，让他倒着念，这样他就能真正学会每一个字，而不是结合上下文去猜了。会念之后，他还念给别人听，别人也觉得很有趣。（外公说）

让孩子倒着念句子就能培养孩子最欠缺的逆向思考能力

小小男子汉张奕煊先生：

早晨好！

今天这封信很短，请你从最后一个字倒过来念到第一个字。

外公写

2006 年 8 月 22 日

菩萨蛮 回文

元 李晏

断肠人去春将半，

半将春去人肠断。

归客倦花飞，

飞花倦客归。

小窗寒梦晓，

晓梦寒窗小。

谁与画愁眉，

眉愁画与谁。

这是一首很有名的倒着念的诗，"断肠人去春将半"，倒着念就是"半将春去人肠断"，挺好玩的。我的另一个小外孙南南现在有时候也会这样，我们住在淞沪路旁边，他就说路沪淞，这三个字他全认识，因为天天出门就看到这个路牌，淞沪路，路沪淞，倒过来念很好玩。（外公说）

这首诗的每一句，倒过来读还是一句诗，这叫作"回文"诗。昨天的《赏花》诗也是一种回文诗。其实读这首诗可以培养孩子的逆向思维，而我们最欠缺的就是逆向思考的能力，多读读这样的诗可以丰富孩子思考问题的方法。当然外公为了找这样的诗也花费了一些心血。（妈妈说）

2006 年 · 秋
孩子 3 岁 9 个月

如何培养刚上幼儿园孩子的条理性和表达能力

亲爱的大煊：

　　你好！

　　幼儿园就要开学了，你可要做好准备哟。

　　一是要认认真真地洗个澡，请外公给你剪好手指甲，脚趾甲，然后穿上干净衣服去上学；

　　二是把你在假期内听到的好听的故事讲给小朋友们听，跟大家分享；

　　三是把幼儿园里有趣的事讲给外公听，让外公也笑口常开。

　　祝你玩得开心。

　　　　　　　　你的好朋友外公写

　　　　　　　　2006 年 8 月 27 日

蚕妇

宋 张俞

昨日入城市，
归来泪满巾。
遍身罗绮者，
不是养蚕人。

　　孩子要开学了，所以这封信里，我特意给煊煊标出一、二、三，让他学会有条理地办事，第一做什么，第二做什么，第三做什么，检查的时候也是按一、二、三检查，按学校的要求来。我给煊煊说了这些以后，他回来会把幼儿园有趣的事讲给家里人听，也会把家里的事情跟小朋友们讲一些，开始讲的时候可能不那么可笑，也讲的不全，但是仔细给他分析一下，第二次他再讲往往就全了。（外公说）

　　其实这就是孩子正式开始上幼儿园了，外公开始培养孩子的一种归纳问题和组织材料的能力，还有孩子的表达能力，把听到的事归纳组织，讲给别人听，而且表达的东西还要让人家觉得好玩，这个需要一定的表达技巧。（妈妈说）

如何培养孩子的安全意识

勇敢的小男孩张奕煊：

　　你好！

　　天气预报最近有雷阵雨。

　　天上出现一道闪电后，紧接着就雷声隆隆，听到雷声，我们就赶快回家，闪电雷声都挺吓人的，回到家中就放心了。

外公写
2006 年 8 月 29 日

六月二十七日
望湖楼醉书

宋 苏轼

黑云翻墨未遮山，
白雨跳珠乱入船。
卷地风来忽吹散，
望湖楼下水如天。

　　写这封信是想让孩子变得勇敢一点，还有提醒他注意安全。如果天气预报有雷阵雨，那么打雷的时候就不要打伞，也不要躲到树下，这是常识。信里写的比较简短，只是让他先回家，回家再说，其他的不要谈，听到雷声就应该回家，回到家才是最安全的。附上这首诗也是为了应景，诗里面的情景跟下雨之前的情景挺像的，让他了解一下。天上如果有黑云，我就会跟他说，天上黑云都起来了，风也刮起来了，一会儿就要下雨了，就要回家了，教他学会辨识什么时候会下雨。（外公说）

　　后来煊煊就是这样，看到要下雨了，他就直接回家，不在外面长时间逗留，即便在外面玩，也不会离家太远，这种安全意识在他心里从小就树立起来了。（妈妈说）

如何培养孩子发现问题和解决问题的能力

一天天长大的好孩子煊煊：

　　早晨好！

　　给你讲一个笑话：有一个人说咸蛋是咸鸭子生的。

　　你知道咸蛋是怎么做的吗？等一会儿外公告诉你。

外公写

2006 年 9 月 3 日

悯农

唐 李绅

春种一粒粟，

秋收万颗籽。

四海无闲田，

农夫犹饿死！

　　写信那天正好家里吃了咸鸭蛋，于是我就想起一个笑话，给他讲笑话的同时顺便告诉他咸鸭蛋是怎么做的，他就感兴趣了。看完信后他没有直接来问我，而是先去问别人，再来告诉我："我知道怎么做的了。"后来煊煊还帮着家人做过咸鸭蛋。所以说，孩子很多好的习惯其实都是家长培养出来的，写这封信就是为了培养他发现问题和解决问题的能力，激发他主动学习的积极性。（外公说）

如何用"暗示法"教孩子主动感恩

幼儿园的好学生张奕煊：

　这个星期天是九月十日，是教师节。

　教师节是老师的节日。到幼儿园见到张老师她们，记住跟她们说："老师，节日快乐！"

外公写
2006年9月8日

芙蓉楼送辛渐

唐　王昌龄

寒雨连江夜入吴，
平明送客楚山孤。
洛阳亲友如相问，
一片冰心在玉壶。

教师节到了，我就告诉煊煊应祝福老师，让孩子学会感恩。信的开头称呼是"幼儿园的好学生张奕煊"，暗示他，他是一名好学生，好学生应该懂得感恩。（外公说）

后来煊煊每到教师节都不用我们提醒，会给老师做卡片，老师们都很喜欢他，夸他懂事。（妈妈说）

2006 年 · 秋
孩子 3 岁 9 个月

如何用"循循善诱法"让孩子明白什么是好朋友

小男孩煊煊:

你好!

你是外公的好朋友,外公也是你的好朋友。

好朋友,手拉手,一起走。好朋友,一起玩,一起乐。

外公爱你,你也爱外公,我们是好朋友。

外公写
2006 年 9 月 9 日

玉阶怨

唐 李白

玉阶生白露,
夜久侵罗袜。
却下水晶帘,
玲珑望秋月。

写这封信在教他什么是好朋友,后面还有酒肉朋友、能干的好孩子,等等,这些都是外公采用的循循善诱法。(妈妈说)

如何用"戴高帽子法"让孩子学会自己穿衣、穿鞋、洗脸……

小朋友张奕煊：

　　早晨好！

　　昨天晚上睡得很香吧！

　　你是一个能干的好孩子，自己穿衣服，自己穿鞋，自己洗脸……自己的事自己做，你越来越能干了。

外公写

2006 年 9 月 15 日

苔

清　袁枚

白日不到处，
青春恰自来。
苔花如米小，
亦学牡丹开。

　　其实孩子三岁多一点的时候穿鞋不会系鞋带，衣服也穿不好，还不愿意洗脸，但是我要鼓励他"你是好孩子，很能干。"他外婆经常说我给孩子戴高帽子，可我认为对孩子就是要多鼓励，越是鼓励，孩子越肯学。这样的教育方式比强制要求孩子去做什么效果要好得多。所以说，我们家长要在其他家长和小朋友面前多表扬下自己的孩子，例如："你看，这身衣服是我们家煊煊自己穿的，鞋也是他自己穿的，今天他还自己给自己洗了脸。"孩子听了就会觉得很光荣，你越是表扬他，他越是肯好好表现。（外公说）

　　这一点我十分赞同，记得当时外公带着孩子的时候，孩子就自己做一些事情，一旦阿姨带他的时候他就不做了，因为阿姨总是会说快点，你要做这个，做那个，不来做的话大老虎会来咬你。煊煊听了就会有抵触心理：我就不做。所以说对于孩子，鼓励比压制效果要好得多。这首诗放在这里也很贴切，"苔花如米小，亦学牡丹开。"就是想让孩子意识到：虽然我年龄小，但我是个小大人。（妈妈说）

2006 年·秋
孩子 3 岁 10 个月

用讲故事的方式来让孩子知道说谎的严重性

好孩子煊煊：

　　早晨好！

　　昨天晚上做了一个好梦吧。

　　你是一个好孩子，你很喜欢听故事，下午外公讲一个《狼来了》的故事给你听。等着吧。

　　　　　　　　　　　　　　　外公写

　　　　　　　　　　　　2006 年 9 月 21 日

易水送别

唐 骆宾王

此地别燕丹，

壮士发冲冠。

昔时人已没，

今日水犹寒。

妈妈为煊煊注：这里的"没"字读作"末"。

　　给孩子讲《狼来了》的故事主要是想教育他不要说谎，因为孩子一般会耍点小伎俩，煊煊也不例外。我先把故事的名字告诉煊煊，引发他的兴趣，当时煊煊很期待。这种故事在中国也传了千百年了，我总觉得应该让孩子多知道一些这样的故事，因为这里面蕴含着中国的传统文化。（外公说）

　　外公肚子里有很多小孩的故事，而且是教育性质的。那时煊煊正好是三岁半，很喜欢吃香蕉，家里发生过一件小事：煊煊早上起来，外公给他吃了一根香蕉；等到上午阿姨看到他的时候，阿姨说煊煊来吃个香蕉吧，他就又吃了一个；中午的时候，我见到他，问他你今天还没吃香蕉吧，来吃一个，他也不吭声，高高兴兴地吃了一根。一天下来，我们才发现这孩子吃了太多香蕉了。所以说教导孩子要坦诚，要说真话很有必要。（妈妈说）

家长可以把自己的一份好吃的食物分一部分给小朋友，不要直接多给

讲礼貌的小男孩大煊：

　　早晨好！

　　你知道吗，同一盒月饼里每一块都有不同的味道，为了让大家都能品尝到各种味道的月饼，外婆有一个好办法，她把每一块月饼都切成小块，这样，大家都可以分享每一种口味的月饼了。哈哈。

　　切好的月饼已经在喊："煊煊，快来吃。"

外公写

2006 年 9 月 30 日

关山月

唐 李白

明月出天山，
苍茫云海间。
长风几万里，
吹度玉门关。

　　家中人都是平等的，有好吃的就应该分享，每人都有相同的一份，家长可以把自己的一份分一部分给小朋友。这与直接多分点给小朋友有很大的差别。（外公说）

　　外公信中的最后一句话很有创意："切好的月饼在喊煊煊快来吃"，特别拟人化，跟童话一样，很有趣。对孩子来说，看到这样的信心里一定很开心，吃的时候也就开心。而且，外公在这里强调了分享的概念，这么小的事情都能把孩子向好的方面引导，这很难得。（妈妈说）

希望孩子永远为自己是中国人而自豪

张奕煊小先生：

你好！节日快乐！

今天是国庆节，是我们伟大祖国的生日。

我们祖国全名叫中华人民共和国，简称中国，国土面积有九百六十万平方公里，有十三亿多人口，有五十六个民族，统称中华民族。

首都是北京，国旗是五星红旗，国歌是《义勇军进行曲》。

我们都热爱祖国。

外公写

2006 年 10 月 1 日早晨

示儿

宋 陆游

死去元知万事空，
但悲不见九州同。
王师北定中原日，
家祭无忘告乃翁。

这些知识是每个中国人都应该知道的，我带煊煊去看过升国旗，所以他对五星红旗和义勇军进行曲还是有印象的。这封信主要是想培养他的爱国情操，希望他永远为自己是中国人而自豪。（外公说）

你是一个小小男子汉了，过马路时一定要紧紧拉着外公的手，保护外公安全过马路

亲爱的外孙大煊：

你好！

你是一个小小男子汉了，过马路时一定要紧紧拉着外公的手，保护外公安全过马路。

外公是老年人了，你要提醒外公走人行道，过马路要走斑马线，红灯停，绿灯行。

谢谢你！我最好的朋友。

已经六十六岁的外公写

2006 年 10 月 4 日

登乐游原

唐 李商隐

向晚意不适，
驱车登古原。
夕阳无限好，
只是近黄昏。

这是提升孩子的主动意识，培养他的责任感。记得那天他回来还跟别人讲："我拉着外公的手过马路，我很能干。"我觉得应该让孩子意识到他有责任孝敬长辈。用古代人的话来说，儿子不孝，跟父母从小的教育有一定的关系。所以孩子的孝道应该从小教育，如果孩子大了不孝敬父母，父母自己应该反思一下，你是不是在孩子小的时候对孩子的教育有缺失，你不能说等到自己老了，孩子不管你了，就把问题全推到孩子身上。（外公说）

煊煊现在和外公的感情好得不得了，对长辈也十分尊敬，这跟外公从小培养他的孝心有关。（妈妈说）

奖品对孩子的意义，不在于多少，在于"奖品"这两个字

勇敢的小小男子汉张奕煊先生：

　　早晨好！

　　人类离不开水，没有水我们就无法生活了。

　　水的用途很多很多，水是很宝贵的资源。

　　请你说说水的用途，说出五种以上就有奖励。奖品是一个大苹果，已经放在圆桌上了。

外公写

2006 年 10 月 9 日

望庐山瀑布

唐 李白

日照香炉生紫烟，

遥看瀑布挂前川。

飞流直下三千尺，

疑是银河落九天。

　　因为水的用途很容易就能让人想到洗碗、洗衣服、洗杯子等，所以我对煊煊说洗东西只能算是水的一种用途。听了我的要求后，他开始仔细思考，最后的奖励是一个苹果，他很开心。后来有一些家长还跟我说，他们家把吃苹果作为任务来要求孩子，孩子还不肯吃。当成奖励给孩子，孩子反而肯吃了，还吃得很开心。我觉得奖品对孩子们的意义，不在于多少，在于"奖品"这两个字。（外公说）

　　小时候，我的一些同学都喜欢到我家玩，外公就走过来对我们说："小朋友们，我们来做个游戏吧。""好呀，好呀！"有大人陪着我们做游戏，我们当然很开心。结果外公就出很多智力题，说做完了以后有奖品，比方说谁要赢了，来，奖励你一张草稿纸。然后小朋友就特高兴拿着纸回家，告诉大人今天我在谁家得了奖品。我们长大了以后，那些同学还拿这个事跟我开玩笑。所以对小孩子来说，奖品的价值并不重要，重要的是它代表了一种肯定和鼓励。（妈妈说）

退步原来是向前：如何利用孩子的好奇心让他爱上锻炼

好奇心很强的小朋友大煊：

你好！

赶快准备好，我俩一起去玩倒着走路的游戏。

倒着走路也很有趣，人不断地往后退。可是后脑勺上没有长眼睛，一不小心，可能会撞到大树。倒退得太快，还可能摔跤。

试试看吧，倒着往后走一定很有趣。

外公写

2006 年 10 月 13 日

插秧诗

唐 布袋和尚

手把青秧插满田，

低头便见水中天。

心地清净方为道，

退步原来是向前。

我之所以教煊煊倒着走路，是因为这样做能锻炼身体。当时的报纸上提倡以倒着走路的方式来锻炼，我觉得小孩也应该倒着走。他对这种锻炼方式十分好奇。那天我们在草地上倒着走，这样即便摔倒问题也不大，他觉得很有趣，之后还跟其他人说："我会倒着走，你会不？"他觉得倒着走也是一种本事。（外公说）

倒着走可以锻炼人体不同部位的肌肉，关键是外公还教了他安全常识，告诉他不要撞到树，不要图快，教完了以后再带他出去锻炼的，选的地点也很安全。（妈妈说）

好朋友，手拉手。酒肉朋友，吃了肉，喝了酒，就分手

煊煊：

　　早上好！

　　好朋友，手拉手。酒肉朋友，喝了肉，吃了酒，就分手。哈哈，说错了，应该是：吃了肉，喝了酒，就分手。

　　我俩是好朋友，手拉手。

外公写

2006 年 10 月 15 日

峨眉山月歌

唐 李白

峨嵋山月半轮秋，

影入平羌江水流。

夜发清溪向三峡，

思君不见下渝州。

　　这是在跟煊煊讲酒肉朋友的概念，告诉他酒肉朋友不好，光吃喝在一起的不是真朋友。我觉得教他一下有好处，所以当时就这样写了，后面的信中会逐步深入跟他探讨朋友的话题。（外公说）

如何培养孩子的分享意识和表达能力

爱听故事的小小男子汉张奕煊先生：

早晨好！

昨天晚上外公给你讲了诸葛亮草船借箭的故事，今天你可以讲给爸爸、妈妈听。

今天晚上外公给你讲孙悟空三打白骨精的故事。

我们约定，外公给你讲的故事，你一定要讲给别人听。不然，外公就不讲新故事给你听了。

也爱听故事的外公写

2006 年 10 月 19 日

八阵图

唐 杜甫

功盖三分国，

名成八阵图。

江流石不转，

遗恨失吞吴。

那天早晨我先跟他讲草船借箭，然后再讲三打白骨精，这些传统的故事特别精彩，都是我自己从小就听的故事，我觉得，应该把这些故事一代一代传承下去。当然，还有很多其他的故事我也有给煊煊讲。（外公说）

我们还跟煊煊约定，听过的故事一定要给别人讲，以此培养他的分享意识和表达能力。（妈妈说）

2006 年 · 秋
孩子 3 岁 11 个月

如何用游戏的方式教孩子懂得保护眼睛的重要性

一天天长大的小伙子大煊：

你好！

昨天我俩做了蒙眼走直线的游戏，走着走着就走歪了。蒙着眼走路真难，要是眼睛瞎了，永远看不见东西了，那可太苦了。

太强的光线会伤害眼睛，不能对着太阳看，不能看烧电焊的强光……

好好保护自己的眼睛。

外公写
2006 年 10 月 23 日

眼病（节选）

唐 白居易

散乱空中千片雪，
蒙笼物上一重纱。
纵逢晴景如看雾，
不是春天亦见花。

带孩子蒙眼走的主要目的是教他保护眼睛，通过做游戏，让他切实体会到眼睛的重要性，比直接教他保护眼睛效果更好。做完游戏后可以提醒他说："万一你受伤了，看不见了，怎么办？"孩子听了后，在保护眼睛方面就能自觉起来。记得我们小区里面有个小女孩，因为意外失去了一只眼睛。当时我觉得太可怕了，就把这件事作为了教育煊煊保护眼睛的契机。

现在的家长应该重视对孩子的安全教育，可以采用一些小游戏，来让孩子知道安全的重要性，这与纯粹只靠强迫来让孩子听话的效果截然不同，因为这能让孩子有切身体会。（外公说）

外公的确用心良苦，信里所附的每首诗都是有讲究的，比方说白居易的诗比较适合儿童读，所以选得较多。像杜甫的诗比较难懂，就用得少一点。这个阶段外公还经常强调一些安全性知识，因为这是孩子好奇心最强的时候，关键是他上幼儿园了，很多时候不在我们眼前了，更要让他注意安全。（妈妈说）

用什么方法让孩子能够区分公历和农历

煊煊:

你好!

今天是公历的十月二十八日,是农历的九月初三日。

公历是现在全世界人公用的日历,农历是古代中国人用的日历。

我们读古代的诗,古代的故事,里面说的日期都是农历的日期。

外公写

2006 年 10 月 24 日

农历九月初三

暮江吟

唐 白居易

一道残阳铺水中,

半江瑟瑟半江红。

可怜九月初三夜,

露似真珠月似弓。

妈妈为煊煊注:暮,念作"目"。瑟,念作"色"。瑟瑟,是碧绿色。真珠,就是珍珠。

这是开始教煊煊公历和农历有什么区别了,现在有些家长不重视中国的农历,当然孩子也不重视。其实农历属于中国的传统文化,我们不应该丢弃它。(外公说)

农历的巧妙在于它是阴阳合历,其中,二十四节气是按太阳历计算的,而传统节日则是按月亮历计算的。我请教过天文学专家,他说只有中国的历法是阴阳历合在一起用的。(妈妈说)

用讲故事的方式让孩子知道蛀牙的可怕

小朋友张奕煊：

　　你好！

　　外公讲一个没牙齿的大老虎的故事给你听：有一只老虎，很喜欢吃糖，它天天吃很多糖，慢慢地它的牙齿全坏了，一颗一颗地全部掉了，变成了一只没牙齿的大老虎，什么也不能吃了。

　　糖可不能多吃，记住了吧。

外公写

2006 年 10 月 28 日

农历九月初七

江南三台词

唐 王建

闻身强健且为，
头白齿落难追。
准拟百年千岁，
能得几许多时。

　　讲这个故事就是为了让煊煊知道蛀牙的可怕，其实这个故事，还是我带煊煊出去玩时听其他家长讲的。当时正好有一个家长在给她的女儿讲这个故事，我觉得编得很好，回来我就把它记下来了。（外公说）

　　煊煊应该是从上幼儿园以后才开始吃糖的，因为幼儿园会发糖果。我们对他的牙齿健康很重视，之前一直都没给他吃过市面上的水果糖。煊煊开始吃糖果之后，我们就给他讲这类故事，告诉他小孩子吃糖多，伤牙齿。（妈妈说）

外出吃饭时如何教孩子选择健康的食物

吃饭不挑食的小朋友大煊：

你好！

我们一起出去吃饭，喝了菊花茶。多喝菊花茶，对眼睛有好处。

菊花在秋季开花，是北京市的市花。

外公写

2006 年 10 月 29 日

农历九月初八

不第后赋菊

唐 黄巢

待到秋来九月八，

我花开后百花杀。

冲天香阵透长安，

满城尽带黄金甲

妈妈为煊煊注：不第，就是没有通过考试。赋，念作"父"。长安，就是现在的西安。

喝点菊花茶，对眼睛有好处，所以外出吃饭时，我很鼓励煊煊点菊花茶来喝，而不是喝饮料。（外公说）

我们带他出去吃饭的时候，餐厅服务员每次会问大家点什么饮料。我们觉得孩子喝饮料不利于身体健康，所以就会点菊花茶给他喝。（妈妈说）

重阳节要带孩子去登山

喜欢爬山的小朋友张奕煊：

早上好！

今天是农历的九月九日，是重阳节。这一天人们喜欢全家一起去登山，到山顶去欣赏秋天的风景。

外公写
2006 年 10 月 30 日
农历九月初九

九月九日忆山东兄弟
（时年十七）

唐 王维

独在异乡为异客，
每逢佳节倍思亲。
遥知兄弟登高处，
遍插茱萸少一人。

妈妈为煊煊注：茱萸，念作"朱鱼"，是一种中药，它到秋天会结好多小红果。古代的人过重阳节，在头上插上茱萸，是为了预防生病。

重阳节到了，我就跟煊煊把这个传统节日讲解了一下。其实煊煊可能不一定喜欢爬山，但是我暗示他喜欢爬山，鼓励他一下。

孩子跟大人一样，喜欢表扬，一天到晚批评他是不好的，特别是在吃饭的时候，不能批评孩子，因为那会影响他的消化系统。（外公说）

孩子在吃饭的时候受到批评，马上就没有胃口了，因为人体消化液的分泌跟情绪有关，所以批评孩子，不要选择在吃饭的时间。（妈妈说）

"我给你讲故事，你给我讲幼儿园里有趣的事，大家都开心"：如何提升孩子的表达能力

越来越能干的好孩子煊煊：

　　你好！

　　你一天天长高了，会做的事更多了，越来越能干了，真了不起。

　　我俩是好朋友，要互相帮助，分享快乐。我给你讲故事，你给我讲幼儿园里有趣的事，大家都开心。

　　　　　　　　　　　　外公写
　　　　　　　　　　　2006 年 11 月 1 日

山行

唐　杜牧

远上寒山石径斜，
白云深处有人家。
停车坐爱枫林晚，
霜叶红于二月花。

　　我会经常鼓励孩子去讲故事，以"你讲故事给我听，我讲故事给你听"，这样的方式来鼓励他，提升他表达能力，记得没过多久他就开始讲故事给我听了。（外公说）

我希望孩子永远都不要吸烟

越来越懂事的小男孩大煊：

　　你好！

　　医务室门口有一张宣传画，上面有几个红色的大字：吸烟有害健康。这几个字你全认识了，外公很高兴。

　　以后，看到有人正在吸烟，我们就赶快离开，因为吸二手烟也有害健康。

外公写

2006 年 11 月 10 日

泊秦淮

唐　杜牧

烟笼寒水月笼沙，

夜泊秦淮近酒家。

商女不知亡国恨，

隔江犹唱《后庭花》。

　　减少烟民应该从儿童抓起，之前的信里也强调过吸烟问题，这里又一次强调了，吸烟有害健康，希望煊煊永远都不要吸烟。（外公说）

孩子四岁

如何让孩子明白"你是我们生命的延续"这个道理

如何让孩子喜欢自己和家人的名字

如何让小孩子喜欢吃杂粮

如何教孩子孝顺长辈

用"戴高帽子"的方法让孩子吃饭不挑食

如何培养孩子的反应能力

平时老表扬孩子勇敢，遇到打预防针等事时孩子就不害怕

如何培养孩子的反应能力

如何让孩子明白"你是我们生命的延续"这个道理

漂亮的小小男子汉张奕煊：

生日快乐！生日快乐！生日快乐！

爷爷爱你！奶奶爱你！外公爱你！外婆爱你！爸爸爱你！妈妈爱你！

血浓于水，我们是一家人，你是我们生命的延续。

外公写

2006年11月12日

子夜四时歌
秋歌（之十五）

南朝民歌

仰头看桐树，

桐花特可怜。

愿天无霜雪，

梧子解千年。

写这封信的时候我有点犹豫，写不写？如果孩子一点也不懂就没有必要了，后来一想，还是写吧，让孩子记住有好处。特别是告诉他"你是我们生命的延续"，让他知道在我们心中他有多重要。（外公说）

因为原本附在信后的那首诗丢失了，所以我又补了一首，看看能不能符合外公的意思，就是这首《子夜四时歌》。

"桐花特可怜"中的"可怜"，是可爱的意思，"梧子解千年"这句话是双关语，有多种含义。我把它借用来表达父母对孩子的祝愿。梧子，可以谐音为"吾子"，就是我的孩子；千年，就是长寿的意思。（妈妈说）

在批评孩子的缺点时，不一定直接说，可以旁敲侧击地讲

优点多缺点少的小朋友煊煊：

你好！

讲一个马小哈的故事：马小哈要去儿童乐园玩，高高兴兴地出发了，一路上又蹦又跳。可是总觉得双脚很疼，走路也很别扭，低头一看，哎呀，原来把鞋穿反了……

大家可不要做马小哈哟。

也有不少缺点的外公写

2006 年 11 月 14 日

题临安邸

宋　林升

山外青山楼外楼，

西湖歌舞几时休。

暖风薰得游人醉，

直把杭州作汴州。

妈妈为煊煊注：邸，念作"抵"，就是旅店。汴，念作"变"。汴州，是北宋的都城，现在叫作开封。

孩子小的时候我就给他们讲马大哈的故事，讲着讲着，就编出一个马小哈，在我的故事中马大哈的小孩就叫马小哈。煊煊经常穿错鞋，所以我就给他写了这个马小哈穿错鞋的故事。（外公说）

外公经常这样，在批评煊煊的缺点时，不直接说，而是跟他讲有一个小朋友，怎样怎样。煊煊一听就明白了，这是他的故事。比如说，外公有一次开玩笑说有个小孩吃了饭以后，脸上还粘着两颗饭粒，煊煊听了，马上摸一下自己的脸。有时候，我也会这样旁敲侧击地教育他，有一次，我跟他讲，有个小孩吃饭，碗里吃得一颗饭粒都不剩，还拿给他爸爸妈妈检查，爸爸妈妈看了立即鼓掌，煊煊听了马上就看自己的碗，然后把剩饭吃得干干净净。（妈妈说）

如何让孩子喜欢自己和家人的名字

已经认识很多字的张奕煊小先生：

你好！

我们家有一本新华字典，上面有一万多个字。大人们读书看报时遇到不认识的字，就去查字典。

给你取名字的时候，我们也查了新华字典。

张是姓，奕表示美丽的意思，煊表示太阳的温暖。合起来就是你要用一辈子的好名字：张奕煊。

外公写
2006 年 11 月 19 日

集杜甫句赠儿

张奕煊妈妈

张老存家事，嵇康有故人。
奕叶班姑史，芬芳孟母邻。
煊赫旧家声，风流今尚存。

妈妈为煊煊注：嵇，念作"击"。从几首古诗里各选出一句来组成一首新的诗，叫作"集句"。请你把每句诗的第一个字连起来读一下，那是什么呢？

这是教煊煊他姓名的含义，他了解后，就能跟人家介绍自己为什么叫这个名字。写这封信的目的就是让他喜欢自己的名字，这也是对自己和家长的一种认可。其实每个人的名字都好，都是家长花费了心血来取的。（外公说）

"老年人过生日时说什么和小孩子过生日说什么是不一样的"：让孩子懂得怎样说生日祝福

爷爷的乖孙子张奕煊：

　　你好！

　　今天是爷爷的生日。

　　小朋友过生日，人们会说：祝你健康成长。老年人过生日，人们会说：祝您福如东海，寿比南山。就是祝他幸福长寿的意思。你记住了吗？

外公写

2006 年 11 月 22 日

客中行

唐 李白

兰陵美酒郁金香，

玉碗盛来琥珀光。

但使主人能醉客，

不知何处是他乡。

　　老年人过生日说什么和小孩子过生日说什么是不一样的。我写这封信就是让他了解我们中国传统的生日祝福语。（外公说）

如何让小孩子喜欢吃杂粮

张奕煊小朋友：

你好！

今天吃小米粥，已经盛在碗里放在饭桌上了，外公闻了闻，可香了。

多吃各种杂粮，经常换换口味，对身体有好处。

香香的小米粥在等你，你可要多吃一碗。

也爱吃杂粮的外公写
2006 年 11 月 23 日

食粥

宋 陆游

世人个个学长年，
不悟长年在目前。
我得宛丘平易法，
只将食粥致神仙。

外公很爱喝粥，他觉得喝粥对身体好，所以就培养煊煊喝粥的习惯。

小孩子是你给他吃什么，他就吃什么，但他并不知道为什么要吃，有时候外公就会给他讲一下原因。

在煊煊眼里，外公就是他的模范，所以他会向外公学习。

所以，这可以作为家长教小孩吃杂粮的一个方法。（妈妈说）

礼物不一定要花钱去买，心意才是最重要的

诚实的张奕煊小先生：

你好！

爸爸的生日快到了，你准备送给他什么生日礼物？

外公给你提个建议：

你可以画一张画送给爸爸，也可以给爸爸写一封信，由你口说，外公帮你用笔记下来。

儿子的礼物爸爸一定非常喜欢，收到儿子的礼物爸爸一定很开心。

外公写

2006 年 11 月 27 日

送朱大入秦

唐 王维

避人五陵去，

宝剑值千金。

分手脱相赠，

平生一片心。

孩子爸爸的生日要来了，我建议他画幅画或写封信作为生日礼物，当时他好像画了一幅画。

其实，画得好不好我都要表扬他。我觉得从小就有这样一个教育比较好，礼物不一定要花钱去买，一份心意才是最重要的，要让孩子从小懂得这个道理。

（外公说）

如何教孩子孝顺长辈

全家记性最好的小男孩煊煊：

早晨好！

奶奶开了药，要求在饭前服用，不能忘记。

妈妈想了个好办法，写了个"药"字贴在饭桌上，让奶奶看到这个字后就想起应该先吃药，后吃饭。

你是全家记性最好的人，眼睛也很尖，你看到"药"字后应该第一个对奶奶说：请奶奶先吃药，后吃饭。

谢谢你！

外公写
2006 年 12 月 2 日

妈妈为煊煊注：长干，是地名。在南京市的一条河边（秦淮河），那里居住的人们出门都坐船。

长干行（之一）

唐 崔颢

君家何处住，
妾住在横塘。
停船暂借问，
或恐是同乡。

我常常会跟煊煊说一些细节方面的东西，让他知道怎样去孝顺长辈。让孩子学会关心亲人很重要。（外公说）

用"戴高帽子"的方法让孩子吃饭不挑食

不挑食的小男孩大煊：

你好！

挑食不是一个好习惯，煊煊不挑食，是个大优点。

桌子上的菜有荤有素，各有各的营养，光吃荤的不好，全吃素的也不行。

我的好朋友煊煊每一种菜都吃，不挑食，最好。

煊煊不挑食给外公做了个好榜样，外公要向你学习。哈哈。

煊煊的好朋友外公写

2006 年 12 月 6 日

长干行（之二）

唐 崔颢

家临九江水，

来去九江侧。

同是长干人，

生小不相识。

其实小孩子都有点挑食，相对来说，煊煊算是表现好的，所以写信鼓励一下。

我的观点是，小孩吃饭得有荤有素才好，光吃素不好，光吃荤也不行，素多荤少是正确的饮食搭配。（外公说）

因为外公从小给孩子"戴高帽子"，所以现在煊煊很自豪，比如出去吃饭的时候，别的小朋友挑食，他就会说"你看哥哥多好，哥牙好，胃口好，吃嘛嘛香"。（妈妈说）

多给孩子玩有中国传统文化的玩具

认识的字越来越多的小男孩大煊:

早晨好!

外公给你买了一个七巧板,很好玩。你可以拿说明书上的图照着拼。

七巧板是中国人发明的玩具,小朋友们都喜欢。外公小时候也玩过。

如果你开动脑筋,拼出说明书上都没有的图形,外公就奖励你。

七巧板就在圆桌上,快去玩吧。

也喜欢玩七巧板的外公写

2006 年 12 月 9 日

七夕

宋 杨朴

未会牵牛意若何,

须邀织女织金梭。

年年乞与人间巧,

不道人间巧已多。

七巧板很好玩,我们几代人都玩过,相信一定会一直流传下去,以后我还会再给煊煊买古人发明的玩具。(外公说)

七巧板是中国的传统玩具,对于以前没有玩过的煊煊来说,还是有一定的难度的,出乎我们意料的是,他还真拼出来了,当时我开心得把他抱了起来。我小的时候也玩过七巧板,那时候外面买不到这样的玩具,外公就拿一个硬纸板,用三角尺在上面画线,再涂上颜色,然后剪出来,我到现在还记得,我们玩了好久这套硬纸板。后来其他家长发现了,还来跟外公借,然后照样子做。他们觉得应该给孩子玩这样的玩具,因为这是中国传统的玩具。外公觉得中国传统的文化中,有很多很好的东西,像七巧板这样的玩具对孩子的智力开发很有好处。(妈妈说)

如何培养孩子的反应能力

越来越能干的小男孩大煊：

你好！

今天我们玩数字接龙游戏：

规则是这样的：例如，外公说一个苹果，你就说二，但不能再说水果了，你可以说二号楼。外公又说三条鱼，但前面说过的水果、房子、动物都不能说了，你可以说四本书……

现在正式开始数字接龙。外公先说：一张报纸，该你说二了。

外公写

2006 年 12 月 14 日

咏雪

清 郑燮

一片两片三四片，

五六七八九十片。

千片万片无数片，

飞入梅花都不见。

妈妈为煊煊注：燮，念作"谢"。郑燮，是著名的画家郑板桥。

这个游戏是从一个相声当中受到启发的，一开始比较容易，说到后面就比较难了，这能够训练孩子的思维，煊煊挺喜欢玩。（外公说）

一开始外公教煊煊的是简单的接龙，后来开始教词语接龙，比方说中国、国家、家庭这样的接龙，最后就是古诗词的接龙。我觉得这可以培养孩子的反应能力，后来，玩成语接龙的时候你都不用跟煊煊接，他自己可以往下说很多，那时候煊煊也就四岁多一点，但他可以一个人把成语接龙全接完。（妈妈说）

用改编故事的方式让孩子轻松懂得勤能补拙的道理

爱听故事的小男孩煊煊：

　　早晨好！

　　给你讲一个龟兔赛跑的故事：

　　乌龟和小白兔赛跑，谁先到山顶谁就是胜利者。

　　出发后，兔子用足了力气，一口气就到接近山顶的地方了，回头一看，兔子哈哈大笑，它看到乌龟还在原地慢慢地爬。兔子高兴地躺在草地上睡觉了，等它一觉醒来，发现乌龟已经爬到山顶了。

　　骄傲的兔子失败了。

外公写

2006 年 12 月 19 日

华山

宋　寇准

只有天在上，
更无山与齐。
举头红日近，
回首白云低。

　　外公的描述特别生动，比故事本身更好玩。例如，兔子哈哈大笑，高兴地躺在草地上睡觉，外公特别会编这种故事，小孩也喜欢听。

　　我小时候有一个体会，那时候小学都有班会，我一年级的时候就认识很多字，能读报纸了。班主任会在班会的时候让我给大家读报纸。我读完之后，同学们就要我讲故事，我就把外公教我的故事给大家讲，他们觉得好新奇，因为外公编的故事都特别好玩，包括龟兔赛跑这种故事，每次我都讲得绘声绘色。（妈妈说）

如何让孩子记住冬至的特点

聪明的小男孩大煊:

　今天是一个节日,叫作冬至。

　冬至是一年中最短的一天。今天早上太阳起床很晚,比大煊还晚,哈哈,太阳也在偷懒了!

外公写

2006 年 12 月 22 日

邯郸冬至夜思家

唐 白居易

邯郸驿里逢冬至,

抱膝灯前影伴身。

想得家中夜深坐,

还应说着远行人。

妈妈为煊煊注:邯郸,念作"含单",是古代赵国的首都。驿,念作"艺",就是旅店。

中国文化是炎黄子孙的骄傲,二十四节气是中国文化的一个重要内容。(外公说)

2006 年·冬
孩子 4 岁 1 个月

平时老表扬孩子勇敢，遇到打预防针等事时孩子就不害怕

勇敢的小帅哥大煊：

　　你真勇敢，打预防针前自己一个人走到医生面前，打针时既没有哭，也没有喊疼，真不简单。

　　大煊是个勇敢的小男孩！

外公写
2006 年 12 月 23 日

剑客

唐 贾岛
十年磨一剑，
霜刃未曾试。
今日把示君，
谁有不平事。

当时全班小孩在幼儿园打预防针，很多小孩一看到医生的针就开始哭，谁也不肯上去。煊煊就不觉得这有什么可怕的，第一个走过去打针，打完也没哭，其他小孩一看好像也没那么可怕，就都跑去打，老师很高兴，直夸他勇敢。我觉得这跟外公平时老说他勇敢有关系。（妈妈说）

"乌龟很聪明，它把比赛的终点定在了河对面"：如何让孩子明白找到自身优势的重要性

聪明的小男孩张奕煊：

你好！

讲一个龟兔第二次赛跑的故事：

龟兔第一次赛跑，骄傲的兔子失败了，兔子很不服气。双方约定再比赛一次。聪明的乌龟把比赛终点定在河对面的草地上。

出发后，兔子一溜烟儿就跑到了河边，可是兔子不会游泳，无法过河，急得团团转，眼睁睁地看着乌龟慢慢地爬到河边，游泳过了河。

不会游泳的兔子失败了。聪明的乌龟胜利了。

外公写

2006 年 12 月 26 日

宿建德江

唐 孟浩然

移舟泊烟渚，
日暮客愁新。
野旷天低树，
江清月近人。

妈妈为煊煊注：渚，念作"主"，是水中的小洲。

听了龟兔赛跑的故事后，煊煊还想听，于是我就编了龟兔第二次赛跑的故事，只要孩子高兴，我就满意了。（外公说）

这是外公编的故事，我觉得特好玩，乌龟很聪明，它把比赛的终点定在河对面，这样就能利用自身的优势，此外，也突出了游泳的重要性。

我觉得外公应该专职写儿童故事。我的一位姨妈特别希望外公抽时间把给煊煊讲过的这些故事给写下来。她觉得这些比当前流行的一些儿童读物要更有教育意义，也更有趣。（妈妈说）

让孩子三岁多去学空手道是为了培养他的男子汉气概

勇敢的小男子汉张奕煊：

　　祝贺你！今天通过了空手道考试。你的表现棒极了。

　　现在你是空手道的黄带了。

　　希望你继续努力！

外公写

2006 年 12 月 27 日

前出塞（节选）

唐　杜甫

挽弓当挽强，

用箭当用长。

射人先射马，

擒贼先擒王。

　　煊煊在三岁多就开始练空手道了，让他去学空手道就是为了培养他的男子汉气概。所以这里特意配上了杜甫的一首满怀豪情的诗。（外公说）

"不让孩子生病"比"孩子生病后如何治"更重要

爱学习的小男孩煊煊：

　　早晨好！

　　寒流又要来了，天要下雪了。

　　天冷了，穿衣服要快一点，万一感冒了要吃药，多不开心呀。

外公写

2006 年 12 月 28 日

问刘十九

唐 白居易

绿蚁新醅酒，

红泥小火炉。

晚来天欲雪，

能饮一杯无？

妈妈为煊煊注：醅，念作"胚"。

　　孩子偶尔受凉发烧，生小病，我们家通常就给孩子吃点葱白姜汤等，以预防为主，尽量少吃药打针。即使吃药，也以吃中成药为主。（外公说）

告诉孩子一粥一饭的来历比单纯跟他讲吃饭不要浪费更重要

越来越懂事的小男孩大煊:

你好!

你天天吃白米饭,知道米是怎么来的吗?

首先,农民把稻谷种子撒到田里,种子长成秧苗。然后,农民又把秧苗分散插进大田里,秧苗慢慢地长高,结出了稻谷。

收下的稻谷送进工厂里,去掉壳后就成了大米。装进口袋后运到超市,爸爸、妈妈从超市买米回家后做成白米饭。

一碗饭来得多不容易呀,大家都不能浪费粮食。

外公写

2006 年 12 月 30 日

悯农

唐 李绅

锄禾日当午,

汗滴禾下土。

谁知盘中餐,

粒粒皆辛苦。

孩子在吃饭时,难免会不小心掉落饭粒,所以家长告诉孩子一粥一饭来之不易的过程比单纯地跟他讲不要浪费更重要。(外公说)

写信的效果：孩子从不识字到最后被幼儿园选为节目主持人，只有一年时间

小小节目主持人张奕煊：

　　你主持的幼儿园元旦联欢会真精彩，你的表现非常好。爸爸妈妈高兴极了。

　　今天是一年的最后一天。

　　今天还是今年，明天就是明年了。

　　　　　　　　　　　　　外公写
　　　　　　　　　　　　　2006 年 12 月 31 日

除夜

唐　史青

今岁今宵尽，

明年明日催。

寒随一夜去，

春逐五更来。

气色空中改，

容颜暗里回。

风光人不觉，

已著后园梅。

　　幼儿园的元旦晚会，老师选煊煊做主持人，喜欢他是一个原因，主要原因是煊煊现在已经能识不少字了，节目单他基本上都能读出来，不用去死记硬背。

　　到现在为止，我差不多跟煊煊写了一年的信，这一年煊煊从不识字到最后被幼儿园老师选为节目主持人，教学效果是非常好的。

　　我们没有专门教煊煊认字，只是给他写这些信，不断勉励他，用古诗词熏陶他，就这样，孩子的识字水平得到了飞速的提高。（外公说）

帮孩子温习农历和公历的区别

> 外公的好朋友大煊：
>
> 　祝你新年快乐！
>
> 　今天是公历的一月一日，是新年的第一天，叫作元旦节。
>
> 　今天正好也是外公的农历生日。
>
> 外公写
> 2007 年 1 月 1 日

元日

宋 辛弃疾

老病忘时节，
空斋晓尚眠。
儿童唤翁起，
今日是新年。

这是元旦那天写的，恰巧那天是我农历生日，我就写了这封信。因为之前没告诉过他我的生日，所以他读完之后很开心，立即跑过来跟我说生日快乐。实际上这封信也帮他温习了一下农历和公历的区别，还告诉了他元旦的概念。（外公说）

下雪天一定要带孩子出去赏雪

不说谎话的小朋友煊煊：

早晨好！

快看窗户外边，昨天夜里下了一场大雪，现在树上，草地上，马路上都是雪，可好看了。

快洗脸刷牙，我们一起出门去在雪地里走走，一定很好玩。

外公写

2007 年 1 月 16 日

江雪

唐 柳宗元

千山鸟飞绝，

万径人踪灭。

孤舟蓑笠翁，

独钓寒江雪。

　　小孩子喜欢在雪地里走，但可能会弄湿衣裤，还容易摔跤，所以下雪天家长一般不让孩子出去。我正好相反，下雪天会带煊煊出去玩，只是我会保护好他。

　　带孩子赏雪不仅能让孩子得到锻炼，还能让他亲近大自然。所以说家长可以带孩子在雪地里走走，只要让孩子把衣服穿厚实一点，不让孩子感冒了，就没问题。

　　记得那天我们玩得很开心，堆了个雪人，还照了相。（外公说）

2007 年·冬
孩子 4 岁 2 个月

给孩子订儿童画报之类的读物，好处远远超过家长的想象

亲爱的小外孙张奕煊：

你好！

你很喜欢看的儿童画报到了，放在沙发上，快去看吧。

爱你的外公写
2007 年 1 月 28 日

稚子弄冰

宋 杨万里

稚子金盆脱晓冰，
彩丝穿取当银铮。
敲成玉磬穿林响，
忽作玻璃碎地声。

妈妈为煊煊注："金盆"不是黄金做的盆，而是铜盆。铮，念作"争"。磬，念作"庆"。

儿童画报里有很多中国传统的东西，那时煊煊已经能够自己阅读了，所以在我的主张下，我们给他订阅了一份儿童画报，定期会来，来了就会给煊煊看。当时，他看儿童画报主要是看上面的图，不认识字他会问，我就念给他听，为他解惑，他每次都看得很开心。还有，订阅的东西会给孩子一个期盼，那是属于他的惊喜，他会很重视，看得也特别认真。（外公说）

在我的小时候，外公给我们订的是少年儿童报，外公觉得这种定期来的东西，会给孩子提供一些最新最独特的资讯，跟书不一样。让我印象深刻的是，小时候我们家订了好多报纸，那时候家里没有网络，所有资讯都是来自于报纸。到现在我还能想起当时的情景：我们家的习惯是每天都要用热水泡脚。一到晚上，每个人都在泡脚，同时每个人手里举着一份报纸在看。我觉得要是那时进来一个人，看见这屋里的情形一定会觉得很逗。（妈妈说）

如何教孩子掌握跟小朋友们的相处之道

从立春起，就要多带孩子出去玩，接地气，这样个子长得高

爱出门玩的小男孩大煊：

今天是立春，表示春天来了。很快，天气会一天比一天暖和，小草也要开始发芽。大煊可以经常去儿童乐园跟小朋友们玩了。

外公写
2007 年 2 月 4 日

立春偶成

宋 张栻

律回岁晚冰霜少，
春到人间草木知。
便觉眼前生意满，
东风吹水绿参差。

妈妈为煊煊注：栻，念作"式"。

我觉得小孩不要天天闷在家里，要出门亲近大自然，多跟其他小孩子接触，所以家长要鼓励孩子出门玩，立春的时候更要带孩子出去感受一下。

从中医角度来说，孩子在人的一生中，也是属于春天阶段的，在立春这样的节气出去走走，对孩子的身心都是有好处的。（外公说）

春夏季小孩子的身高长得比较快，秋冬季就长得慢一些。所以，春天里一定要让小孩出去呼吸大自然的空气。你会发现即便出门时孩子可能情绪低落，但只要出去玩一趟回来，他就很高兴了，春天带给孩子的这种感觉跟其他季节是不同的。（妈妈说）

"吃亏是福"：如何教孩子掌握跟小朋友们的相处之道

诚实的小朋友煊煊：

你好！

你是一个越来越懂事的大男孩了，和小朋友们一起玩时，从不欺负小弟弟、小妹妹，真是一个小小男子汉。

外公写

2007 年 2 月 5 日

七步诗

魏 曹植

煮豆燃豆萁，

豆在釜中泣。

本是同根生，

相煎何太急。

妈妈为煊煊注：萁，念作"其"，是豆子的杆。釜，念作"斧"，就是锅。

　　煊煊现在已经上幼儿园了，有很多机会跟很多同龄的小孩接触，所以我想教会他如何跟他们相处，告诉他不能欺负小弟弟、小妹妹。有时候小孩之间发生争执了，我就跟他说你是个男子汉，男子汉要让着小弟弟、小妹妹，这样去鼓励他。大家排队的时候，有些挤了，我就让他朝后退一点。（外公说）

　　吃亏是福，这就是外公做人的理念。（妈妈说）

告诉孩子"情人节"就是"爱心节"

聪明的小男孩张奕煊：

你好！

昨天，你告诉幼儿园的老师：我妈妈说，今天的情人节，应该叫作"爱心节"。是为了纪念古代一个很有爱心的人。老师称赞你真聪明。

外公写

2007 年 2 月 15 日

离思

唐 元稹

曾经沧海难为水，

除却巫山不是云。

取次花丛懒回顾，

半缘修道半缘君。

妈妈为煊煊注：稹，念作"枕"。

小孩不懂得什么叫情人节，老师们都说妈妈给解释成爱心节挺好，这也算是让煊煊先了解到有这么一个节日。（外公说）

小孩子很喜欢过节，但是过节要了解过节的知识

喜欢过节的小男孩煊煊：

　　你好！

　　今天是农历的十二月三十日，是农历年的最后一天，也叫大年三十。

　　大年三十的晚上，一家人要在一起吃年夜饭。

　　大家一起等到半夜十二点，新年钟声响起，新的一年就来到了。

外公写

2007 年 2 月 17 日

除夜

宋 陆游

守岁全家夜不眠，
杯盘狼藉向灯前。
相看更觉光阴速，
笑语逡巡即隔年。

妈妈为煊煊注：逡，念作"群"的一声。逡巡，在这里的意思是时间过得很快。

　　大年三十的时候一家人要在一起吃年夜饭，写这封信是想教会煊煊过年时团圆的概念。小孩子很喜欢过节，但是过节要了解过节的知识。

　　中国的礼俗有很多，我一般是碰到什么就教什么，小孩应该了解这些东西。

（外公说）

"天街小雨润如酥，草色遥看近却无"：如何让孩子了解二十四节气中的"雨水"

煊煊：

你好！

今天是一个农历的节气，叫作雨水。

冬天下雪。春天来了，冰雪融化，不再下雪，而是下雨了。

今天上海下了小雨。北京没有下，还是晴天。

北京的气候比上海干旱，下雨也少。

外公写

2007 年 2 月 19 日

初春小雨

唐　韩愈

天街小雨润如酥，

草色遥看近却无。

最是一年春好处，

绝胜烟柳满皇都。

雨水是二十四节气中的第二个节气，我在信里告诉煊煊雨水这个节气的特点，并用北京和上海两个城市的降雨情况作为对比。（外公说）

2007 年 · 春
孩子 4 岁 3 个月

如何用"自由支配式教育法"让孩子学会理财

亲爱的大煊：

你好！

过几天爸爸、妈妈要带你去逛庙会，庙会里人山人海，你可不要乱跑，走丢了可不好找。

庙会里卖东西的人很多，吃的，玩的，穿的，用的都有卖的。爸爸、妈妈会给你一笔钱，由你自由地使用，你可要算着用。钱用完后，再看见你非常喜欢、很想买的吃的东西或者玩具，就没钱买了，多可惜呀。预祝你在庙会里玩得开心。

你的好朋友外公写

2007 年 2 月 20 日

子夜四时歌春歌（之十）

南朝民歌

春林花多媚，
春鸟意多哀。
春风复多情，
吹我罗裳开。

记得那次庙会上发生了一件趣事，当时煊煊看上一个玩具，人家跟他说这个二十块钱。煊煊很老实地说，我兜里只有十块。结果卖家说那我十块卖给你。当时特别好玩，煊煊知道了原来市场上买东西是可以讨价还价的。

现在我每个星期给他五块钱零用钱，结果他的钱包里经常攒着七八十块钱。攒得多了，他就拿出一部分来买他喜欢的书看。

外公采用的这种"自由支配式教育"法，时机把握得很准，什么时候该教孩子什么，这对孩子的成长非常重要，煊煊就养成了手里有钱也不乱花的习惯。

（妈妈说）

116

元宵节多给孩子猜灯谜有什么好处

喜欢猜谜语的大煊：

　　早上好！

　　今天是农历的正月十五，是元宵节。

　　元宵节吃汤圆，赏花灯，猜灯谜。

　　　　　　　　　　　外公写

　　　　　　　　　2007 年 3 月 4 日

生查子·元夕

宋 欧阳修

去年元夜时，

花市灯如昼。

月上柳梢头，

人约黄昏后。

今年元夜时，

月与灯依旧。

不见去年人，

泪湿春衫袖！

　　元宵节的习俗是猜谜语，我很喜欢给煊煊猜谜语，通过猜字谜，猜动物谜，让他认字，了解很多东西。后来煊煊特别喜欢猜谜语，他见人就给人出谜语。（外公说）

　　在我小的时候，外公就给我猜灯谜，后来每年的元宵节家里人都会猜灯谜。全家人还自己创作了许多灯谜，发表在报纸和期刊上。我小时候的第一笔稿费就是这么来的。（妈妈说）

如何让孩子明白什么是"红宝石婚"

爷爷奶奶的好孙子张奕煊：

今天是爷爷奶奶的结婚纪念日。他们是在四十年前的今天结婚的。妈妈说结婚四十周年叫作红宝石婚。

红宝石是一种红色的宝石。好的手表会用红宝石作配件，因为它很坚硬，磨不坏。

妈妈为祝贺爷爷奶奶的纪念日写了一首宝塔诗，很有趣。

这首诗很长，外公读给你听。你可以数一数这首诗每一行有几个字。

外公写
2007 年 3 月 18 日

二老结婚四十周年纪念日作宝塔诗一首以贺

缘
手牵
四十年
上海西安
千里来相伴
坎坷路途漫漫
小两口变成老伴
联手面对生活挑战
经风雨得见彩虹灿烂
这姻缘为后辈典范
好人有上天顾眷
平安幸福相伴
儿孙笑语喧
此情永远
人称美
美满
赞

这是爷爷奶奶的结婚日，妈妈作了一首宝塔诗。这首诗很有趣，我把它念给煊煊听，煊煊大致意思都能听懂。（外公说）

清明节，给去世的长辈扫墓是不能断的

大煊：

　　早上好！

　　今天是清明节。每年的这个时候是春天，草绿了，花也开了。在这一天人们喜欢全家人一起去春游。我们俩等会儿出去，采点野菜回来，给你包饺子吃好不好？

喜欢大自然的外公写
2007 年 4 月 5 日

破阵子

宋 晏殊

燕子来时新社，
梨花落后清明。
池上碧苔三四点，
叶底黄鹂一两声，
日长飞絮轻。

巧笑东邻女伴，
采桑径里逢迎。
疑怪昨宵春梦好，
元是今朝斗草赢，
笑从双脸生。

　　清明节到了，我带着煊煊出去采野菜，用野菜包饺子吃，让孩子觉得野菜也是好东西，鼓励煊煊热爱大自然。那时候清明节不放假，现在清明开始放假了，这样很好，中国的传统节日不能忘记。（外公说）

　　我的三姨总是定期风雨无阻地去照看家族的墓地。有一次，一位亲友劝她说，明年清明节你就外出旅游一次吧。三姨说："不行，给去世的长辈扫墓是不能断的，不要忘了，清明节放假为的是什么。"我觉得她这话说得特别好。孩子大一点以后，我们会慢慢教给他这些传统的礼仪。（妈妈说）

2007 年·春
孩子 4 岁 5 个月

带孩子旅游前，要先让他了解当地的风土人情知识

喜欢吃水果的小男孩大煊：

早上好！

告诉你一个好消息：爸爸妈妈计划五一节放假以后，带你去云南玩。

云南是中国的一个省。是一个很好玩的地方。那里有好看的风景，好吃的小吃，还有各种各样的水果。

云南的水果有芒果、菠萝、木瓜、香蕉、荔枝、火龙果，等等，都是你喜欢吃的。还有一些你没有见过的水果，比如酸角，长得像很大的豆角，吃起来酸酸甜甜的。还有鸡蛋果，长得像一只鸡蛋。它是什么味道呢？你去了以后，尝一尝就知道了。

外公写
2007 年 4 月 20 日

惠州一绝

宋 苏轼

罗浮山下四时春，
卢橘黄梅次第新。
日啖荔枝三百颗，
不辞长作岭南人。

妈妈为煊煊注：啖，念作"淡"，就是吃。

当时孩子的父母计划带煊煊去云南旅游，写这封信是为了让孩子先有一个印象，让他对这次旅游重视起来。信里跟他讲了很多好吃的东西，让他有个期待。说实话，我也不完全了解知道云南各地的饮食是怎样的，但是我会查书。例如，云南，就是彩云之南的意思，然后我再把这个告诉煊煊。在写信的过程中我自己也在增长知识，教育孩子也是提升自己最好的方法。（外公说）

带孩子到边境前，要先告诉他国境线的基本概念

好孩子大煊：

你好！

一个国家和另一个国家之间的分界线，叫作国境线。

在云南的南边，就不是中国了，而是别的国家。

从云南越过国境线，可以走到三个国家：越南、老挝和缅甸。

请看一下墙上的世界地图，找到这三个国家的位置，再比一比，哪一个国家最大？有没有云南大？

外公写

2007 年 4 月 23 日

滇春好（之三）

明 杨慎

滇春好，

翠袖拂云和。

淡雅梳妆堪入画，

等闲言语胜听歌。

能不忆滇娥？

因为到了边境，所以我给煊煊讲了下国界线的知识，这样一来他的印象会很深刻。（外公说）

带孩子出去游玩之前，最好先给自己和孩子作一下功课

汉族小男孩张奕煊：

你好！

中国有五十六个民族，人口最多的是汉族，其他的叫少数民族。

云南是中国少数民族最多的省，有二十五个。

在中华民族园，你参观过泼水节的活动。那些泼水的演员，他们的家乡就在云南。他们是傣族。

外公外婆是汉族，爷爷奶奶是汉族，所以你也是汉族。

不管是傣族，还是汉族，都属于中华民族。

外公写

2007 年 4 月 24 日

滇春好（之四）

明 杨慎

滇春好，

最忆海边楼。

渔火野星明北渚，

酒旗风影荡东流，

早晚复同游。

妈妈为煊煊注：渚，念作"主"，是水中的小岛。

每到一个地方我都会让煊煊知道当地一些饮食、地理方面的知识。很多家长带孩子外出，不是回故乡，就是到外地，一般都是带孩子玩一些当地的项目，比如带到游乐场玩一玩，却没有教给孩子知识，这样孩子就学不到什么东西。所以说，家长带孩子出去游玩之前，最好给自己和孩子布置一下功课。（外公说）

煊煊是汉族的小男孩，对于其他民族并不了解，所以外公在信中告诉他中国有五十六个民族，每个民族都有各自的风俗习惯。（妈妈说）

对孩子守承诺，这样孩子才能养成诚实守信的习惯

煊煊：

早上好！

云南很大。你们要去玩的地方叫作腾冲。需要从昆明坐飞机过去。

在腾冲，有很多的温泉。有的温度低，可以泡澡。有的温度高，把鸡蛋放进去，都能煮熟。

到了腾冲，你可以试一试，用温泉水煮鸡蛋是什么味道？

外公写

2007 年 4 月 26 日

卜算子

宋 王观

水是眼波横，

山是眉峰聚。

欲问行人去那边，

眉眼盈盈处。

才始送春归，

又送君归去。

若到江南赶上春，

千万和春住。

外公在信里写的这些地点，我们都带煊煊去了。在泡温泉的时候，那里有个热泉，里面可以煮鸡蛋、土豆、花生，煊煊觉得很新奇，吃得很有味。

我觉得，要对孩子信守承诺，这样孩子才能养成诚实守信的品质。（妈妈说）

2007 年·春
孩子 4 岁 5 个月

外出游玩，小朋友想多玩一会儿的地方，家长最好耐心等待

煊煊：

　　早上好！

　　你在地质博物馆，看过火山爆发的演示。

　　在腾冲，你会看到真正的火山。

　　那里的火山正在休眠，不会爆发。你还可以在火山上跑步呢。

外公写

2007 年 4 月 27 日

登幽州台歌

唐 陈子昂

前不见古人，

後不见来者。

念天地之悠悠，

独怆然而涕下。

　　当时的计划就是要带孩子到腾冲去玩，所以我事先就查了一下腾冲有哪些景点，然后提前写了这封信，让他心里有准备，结果煊煊收获很大。

　　外出游玩，小朋友感兴趣，想多玩一会儿的地方，家长最好耐心等待，因为游玩的主要目的就是让小朋友玩得开心。（外公说）

　　外公的心思很细腻。这里面有一段小插曲，煊煊曾经在博物馆看过火山爆发的演示，他觉得很恐怖，所以当他听我们说到腾冲有火山时，一开始不想去，担心那个地方的火山会爆发。外公就在信里说火山正在休眠，不会爆发，人们还可以在上面跑步，他就觉得安全了。（妈妈说）

如何融洽父母与孩子的关系：多带孩子参加"亲子运动会"

小男子汉张奕煊：

　　你好！

　　今天爸爸妈妈带你去参加"亲子运动会"，你的成绩非常好。

　　妈妈说，你走平衡木又快又稳。真棒！

外公写

2007 年 4 月 29 日

春夜洛城闻笛

唐 李白

谁家玉笛暗飞声，

散入东风满洛城。

此夜曲中闻折柳，

何人不起故园情。

　　现在幼儿园经常开展亲子活动，父母带着孩子一起参加比赛，并鼓励孩子去尽力参与，这对融洽父母与孩子的关系有很好的促进作用，对孩子健康成长大有益处。（妈妈说）

2007 年 · 春
孩子 4 岁 5 个月

如何教孩子"关于已去城市所处方位"的知识

亲爱的外孙张奕煊：

你好！

外公今天回上海。预祝你们去云南旅游愉快。

北京在中国的北部，上海在中国的东部，云南在中国的南部。

北京的北边是大草原，上海的东边是大海，云南的南边是雪山。

我们节日过后再见！

外公写
2007 年 4 月 30 日

淮上与友人别

唐 郑谷

扬子江头杨柳春，
杨花愁杀渡江人。
数声风笛离亭晚，
君向潇湘我向秦。

他们去云南的时候，我回上海了，写这封信是趁机给煊煊介绍一下地理知识，让他对云南、上海、北京这三个地方的地理位置有个概念。（外公说）

如何让孩子明白"学一样东西要循序渐进"的道理

为什么给孩子讲的《西游记》故事里没有唐僧？因为唐僧很唠叨，喜欢说教

好孩子煊煊：

　　你好！

　　六一儿童节快到了，外公正在思考一个小悟空、小八戒、小沙僧的故事，作为儿童节的礼物，讲给你听，希望你能喜欢。

　　今天晚上，就给你讲一个小八戒吃馒头的故事。

　　　　　　　　　　　　　　　外公写

　　　　　　　　　　　　2007 年 5 月 19 日

行宫

唐 元稹

寥落古行宫，
宫花寂寞红。
白头宫女在，
闲坐说玄宗。

妈妈为煊煊注：稹，念作"枕"。

　　当时写这封信是因为儿童节快到了，所以想编个小故事讲给孩子听，于是这个小悟空、小八戒、小沙僧的故事就诞生了。

　　在我这个版本的《西游记》里，是没有唐僧的。因为唐僧很唠叨，喜欢说教，所以我就没把他编进故事里。而尽管猪八戒又懒又贪吃，但大家都喜欢，因为没有人会觉得自己比猪八戒还差，他不会给人压力，每当读到他的故事人们就会觉得很轻松。

　　所以说猪八戒是不可缺少的人物，没有猪八戒，《西游记》这本书就没趣味了。（外公说）

　　我当时还没有特别在意，为什么没有写小唐僧，后来我才理解，外公的意思就是不要在故事中加入唐僧。你想想，有师父管着，小朋友们多不自由！所以说，我就觉得外公太理解小朋友了，对小朋友的心理把握得太到位了。（妈妈说）

如何让孩子知道儿童和青年的不同

四岁的儿童张奕煊：

祝你儿童节快乐！

从 0 岁到十四岁的小朋友都可以过儿童节。

小朋友长到十四岁，就是少年了，就不过儿童节了，而是过"青年节"。

青年节在每年的五月四日。

算一下，你还可以过几个儿童节呢？

外公写

2007 年 6 月 1 日

金缕衣

唐 杜秋娘

劝君莫惜金缕衣，

劝君惜取少年时。

花开堪折直须折，

莫待无花空折枝。

六一儿童节到了，这一天我给煊煊讲了儿童、少年、青年有什么不同，因为他将来要过渡到青年，所以我告诉他要珍惜时间。（外公说）

孩子在入睡前，听到的东西会印在他脑子里

大煊：

　　早晨好！

　　外公去接外婆了，今天放学回家后你就可以看到外婆了。你可得好好想想，晚上跟外婆谈些什么。你猜猜，外婆会对你说些什么。

　　晚上再见！

外公

2007 年 6 月 4 日早晨

清平调词

唐 李白

云想衣裳花想容，

春风拂槛露华浓。

若非群玉山头见，

会向瑶台月下逢。

妈妈为煊煊注：槛，是多音字，有两个读音。这里念作"见"，就是栏杆。

　　当时煊煊已经有一段时间没见到外婆了。外婆在家时帮着做些家务，带孩子出去玩的差不多都是我，所以煊煊跟我在一起的时间多。写这封信主要是让他回忆一下外婆的好，对外婆回来有一个期待。（外公说）

　　现在煊煊长大了一些，所以外婆在饮食上、生活上照顾得多一点。煊煊特别小的时候，外婆每天晚上都会在他睡觉前给他读诗读古文。那个时候煊煊才一岁。外婆的理念是，孩子在入睡前听到的东西会印在他脑子里。外婆给他读诗就是希望能够对他有潜移默化的影响。（妈妈说）

2007 年·夏
孩子 4 岁 6 个月

如何让孩子知道"不同的季节，植物的生长是不同的"

大煊：

　　早上好！

　　我们家的柿子树上结了很多小柿子，你看见了吗？小柿子是青色的，到秋天就长成红红的大柿子了，等着吃吧。哈哈！

　　　　　　　　　　　　　　　外公
　　　　　　　　　　2007 年 6 月 6 日早晨

怅诗
唐 杜牧
自是寻春去校迟，
不须惆怅怨芳时。
狂风落尽深红色，
绿叶成阴子满枝。

妈妈为煊煊注：怅，念作"唱"。惆，念作"愁"。惆怅，是失意、伤感的意思。校，在这首诗里当作"较"字用，念成"较"。

　　这是跟煊煊讲讲植物，让他知道不同的季节，植物的生长是不同的，让他多观察。（外公说）

如何让孩子最快记住家里的地址、手机号码

亲爱的大煊：

　　昨天你游泳时表现很勇敢，大家都说你进步大。今天又去游，好不好？

外公写

2007 年 6 月 10 日

邮政编码 100000

北京市 XX 区 XX 园 XX 号

张奕煊先生收

三衢道中

宋　曾几

梅子黄时日日晴，

小溪泛尽却山行。

绿阴不减来时路，

添得黄鹂四五声。

妈妈为煊煊注：衢，念作"渠"。

　　这封信是我拿真信封写的，信封的格式写得很正规，然后把信折好装进去，就是没贴邮票而已。（外公说）

　　这是开始教煊煊写信的格式了，告诉他信封上怎么写。外公写的是真实的家里地址，他是希望煊煊记住这个地址。因为有些小孩走丢了，一问家里的地址不知道，寻找起来就很麻烦。外公首先让煊煊记住我们的手机号码，然后让他记住家里的地址，在外公看来，这非常重要。（妈妈说）

孩子讲的故事，家长为什么要记录下来

大煊讲的故事：

　　一百多年前，鸵鸟是会飞的，后来翅膀一直不用，就退化了，不会飞了。但是腿就进化了，会快快跑了。

　　　　　　　　大煊讲，外公记录
　　　　　　　　2007 年 7 月 1 日早晨

江村晚眺

宋 戴复古

江头落日照平沙，
潮退渔船阁岸斜。
白鸟一双临水立，
见人惊起入芦花。

　　我经常让煊煊讲故事给我们听，他讲我来记录。煊煊平常喜欢看《动物百科全书》，所以就讲了一个鸵鸟的故事。小孩子写的东西没有什么铺垫和修饰，很简单，很好听。（外公说）

要鼓励孩子多讲从百科全书里看到的故事

喜欢看《动物百科全书》的好孩子大煊：

今天是小暑，这表示天气热了。小暑的时候，连风也是热的了。

蟋蟀也怕热，不在草地上玩了，躲到了墙角乘凉。你听到它的叫声了吗？

外公写

2007 年 7 月 7 日

四时田园杂兴夏日

宋 范成大

梅子金黄杏子肥，
麦花雪白菜花稀。
日长篱落无人过，
唯有蜻蜓蛱蝶飞。

妈妈为煊煊注：蛱，念作"荚"。蛱蝶，是蝴蝶的一种，例如菜青虫长大后变成的菜粉蝶。

这个蟋蟀的故事，也是煊煊从百科全书里看来的，当时他讲得很自然。所以，家长可以多让孩子读读百科全书，拓宽孩子的知识面。（外公说）

如何鼓励孩子天天刷牙，少吃糖

请交给张亦舒的弟弟张奕煊收：

　　张奕煊是一个优点多、缺点少的好孩子。他今天早晨告诉外公，体检发现，有几个小朋友有虫牙，原因是他们爱吃零食，爱吃糖，又不刷牙。大煊的优点是不吃零食，少吃糖，天天刷牙，所以没有虫牙。哈哈。

外公写
2007 年 7 月 11 日

妈妈为煊煊注：喑，念作"音"，在"音"字旁边加个"口"，意思是"没有声音"。

己亥杂诗

清 龚自珍

九州生气恃风雷，

万马齐喑究可哀。

我劝天公重抖擞，

不拘一格降人才。

　　那天煊煊回来跟我讲，有几个小朋友去检查牙齿，发现牙齿都不好。他让我在保护牙齿方面多鼓励他，所以我就写了这封信。从那以后他就很重视保护自己的牙齿。

　　我觉得，人总是优点多缺点少，小朋友也如此，因此对小朋友要以表扬与鼓励为主。（外公说）

如何让孩子明白"学一样东西要循序渐进"的道理

越来越懂事的小男孩张奕煊:

昨天你学会潜水了,真勇敢,棒极了。

今天,我们又去游泳,学潜泳,好不好?

放学后就去,我等着你。

外公写

2007 年 7 月 12 日早晨

桃花溪

唐 张旭

隐隐飞桥隔野烟,

石矶西畔问渔船。

桃花尽日随流水,

洞在清溪何处边

孩子会潜水了,我又开始逐步逐步教他学习游泳。信的开头夸他长大了,目的是鼓励他继续坚持下去。(外公说)

教育小朋友既要有表扬也得有批评

黑头发、黑眼睛的中国小男孩张奕煊：

昨天你在公路上乱跑，很不对。今后，出门一定要注意安全，一定要走人行道，千万不能乱跑！

祝你一路平安！祝你天天快乐！

外公写

2007 年 7 月 13 日早晨

花影

宋 苏轼

重重叠叠上瑶台，

几度呼童扫不开。

刚被太阳收拾去，

却教明月送将来。

信的开头是提醒孩子有着黑头发和黑眼睛，就是想强调他是中国人。写这封信主要是想提出他的缺点。这样教育小孩，既有表扬也有批评，他就容易接受。（外公说）

"外公式"游泳教学法，如何让孩子在玩中学会游泳

记忆力很好的小伙子张奕煊：

　　今天入伏了，三伏天是一年中最热的三十天，要多喝水，多喝绿豆汤，多吃西红柿，防止中暑。因为很热，所以是学习游泳的好季节，今年你就可以学会游泳了，是一个小小游泳运动员了。真棒！

外公写

2007 年 7 月 15 日晚上

晚楼闲坐

宋 黄庭坚

四顾山光接水光，
凭栏十里芰荷香。
清风明月无人管，
并作南来一味凉。

妈妈为煊煊注：芰，念作"计"。

　　外公教孩子游泳的方式很特别，他不赞同孩子套着游泳圈学游泳，因为那样孩子没办法划水，也体会不到如何用脚踩水，只能是玩水。外公会给孩子戴上手漂，或者让他抓着浮板去游，这样他就必须用腿来打水，自然而然就学会游泳了。而且外公每个星期都会给手漂放一点气，其实到后来那个手漂已经没有气了，就是一个装饰品，但煊煊始终以为自己是有手漂的，很有安全感。外公之所以在这封信里很有信心地说："今年你就可以学会游泳"，是因为其实煊煊已经会游泳了，只是他不知道，外公就是这样，很"狡猾"！他不会和孩子说"你从哪一天开始就不能用这些了""你要开始学游泳了"——那样会让孩子非常紧张。他总是一点儿一点儿地悄悄变化，直到有一天，他就会告诉孩子说："你去试试，不用手漂好像也可以了。"

　　家长不要强迫孩子去学游泳，我们也没有跟煊煊说一定要让他学游泳，就是带他玩。而且我觉得最重要的是，外公特别会想办法，他激发了孩子的潜能，还让孩子特别有安全感，孩子以为外公又带他去玩儿，又去玩水了，就这样很开心地学会了游泳。（妈妈说）

如何让孩子知道大写数字的重要性

记忆力很好的小男孩张奕煊：

数字有三种写法——

阿拉伯数字：0、1、2、3、4、5、6、7、8、9、10。

中文小写：〇、一、二、三、四、五、六、七、八、九、十。

中文大写：零、壹、贰、叁、肆、伍、陆、柒、捌、玖、拾。

学数学的时候，要用阿拉伯数字。写文章，用中文小写。去银行填汇款单、写收据等等，写到多少钱的时候，要用中文大写，这样才不容易弄错。

外公写

2007 年 7 月 19 日晚上

公元贰零零柒年柒月拾玖日晚上

公元二〇〇七年七月十九日晚上

画眉鸟

宋 欧阳修

百啭千声随意移，

山花红紫树高低。

始知锁向金笼听，

不及林间自在啼。

这是教孩子学习中文数字的大小写。因为现在很多人对数字的大写不重视，其实中国的字当中，大写数字是很重要的。（外公说）

夸孩子记忆力好是因为煊煊天天都在背东西，尤其是古诗，他每天都在背。但是我们没有要求他背下来，只是告诉他能背多少背多少。即便这两年他把古诗倒背如流，不复习的话，过两年他也会忘的，但是忘记了就忘记了，没关系，因为这些东西已经刻在他的大脑深处了。（妈妈说）

玩具不一定要花钱买，知了壳也可能是受欢迎的好玩具

亲爱的大煊：

　　我捡了一个知了壳。知了从壳里爬出来后就长出翅膀，以后就会飞了。知了壳又叫蝉蜕，是一味中药。送给你玩。

外公写
2007 年 7 月 26 日中午

蝉

唐　虞世南
垂緌饮清露，
流响出疏桐。
居高声自远，
非是藉秋风。

妈妈为煊煊注：緌，念作"瑞"字的二声。緌，是帽子的带子。蝉的头上长着触须，就像帽子上的带子。藉，在这里念"借"，就是"借"的意思。

玩具不一定要花钱买，知了壳也可能是受欢迎的好玩具。（外公说）

这首《蝉》，放在信里十分贴切。给煊煊讲解时，能形象生动地给他描述出蝉的样子。（妈妈说）

2007 年·夏
孩子 4 岁 8 个月

珍惜和孩子相处的时光，那会越来越短

张奕煊讲的故事：

　　第一个故事：连孟萱说，婷婷阿姨要生一个小妹妹；二宝说，婷婷阿姨要生一个小玩具。

　　第二个故事：二宝说，不理发就不帅，得儿跑过去："理发，理发。"

　　第三个故事：前几天，郝姨的老公喝醉酒，找不着家了，坐在石头上等郝姨来接他回家。

　　　　　　大煊讲，外公写，请爸爸、妈妈看
　　　　　　　　　　　　2007 年 7 月 29 日早晨

赠别

唐　杜牧

多情却似总无情，
唯觉樽前笑不成。
蜡烛有心还惜别，
替人垂泪到天明。

小朋友自己讲的故事家长最爱听。（外公说）

要多给孩子讲《西游记》里的故事

最喜欢听故事的小朋友张奕煊:

　　《西游记》是一本很有名的小说书。书中写了唐僧、孙悟空、猪八戒、沙和尚的故事。孙悟空本领很大,用一根金箍棒,会七十二变,有火眼金睛,能上天入地,妖魔鬼怪都怕他,大家都喜欢孙悟空。

外公写

2007 年 8 月 7 日早晨

贾生

唐 李商隐

宣室求贤访逐臣,
贾生才调更无伦。
可怜夜半虚前席,
不问苍生问鬼神!

　　之前我跟煊煊讲过《西游记》的故事,但是没讲很详细,这次把《西游记》里面的人物串在一起,让他对原著有个了解。(外公说)

把抽象的东西形象化，孩子就理解、记住了

"孩子吃手的习惯如果一时改不掉，也不要苛责他"

小男孩张奕煊：

你吃手指的坏习惯一定要改正，手指上有很多细菌，吃了容易生病。

外公写

贰零零柒年捌月拾贰日

2007 年 8 月 10 日

吴兴杂诗

清 阮元

交流四水抱城斜，

散作千溪遍万家。

深处种菱浅种稻，

不深不浅种荷花。

很多小孩都有一个习惯——吃手，煊煊也不例外，在我们的提醒下，他花了很长时间把这个习惯慢慢改掉了。

小朋友病了，应该及时治疗，但不能在生病期间过分优待，不能小病当大病治，这没有好处。家长关心小朋友，更要教小朋友关心别人。相互关心，才是好朋友，家长和小朋友是好朋友。（外公说）

孩子吃手有心理成长方面的原因，所以我觉得如果他一时不能改掉也不要苛责他。家长要有耐心，要给孩子时间，慢慢来，等孩子心理发育成熟一点，他自然会摆脱对吃手的心理依赖。（妈妈说）

让孩子学会说"绕口令"的好处是什么

小男孩大煊：

请你说一说下面的绕口令——

苏州有个苏胡子，湖州有个胡梳子，
苏州的苏胡子要借湖州的胡梳子的梳
子来梳胡子，
湖州的胡梳子偏不借梳子给苏州的苏
胡子来梳胡子。

外婆说，外公记录
2007 年 8 月 12 日

题淮南寺

宋 程颢

南去北来休便休，
白苹吹尽楚江秋。
道人不是悲秋客，
一任晚山相对愁。

妈妈为煊煊注：颢，
念作"浩"。

绕口令是外婆让他学的。煊煊很喜欢念绕口令。（外公说）

煊煊的嘴巴很伶俐。后来他参加过话剧培训班，话剧演出对孩子们的训练第一个就是念各种各样绕口令，煊煊读得非常流利。幼儿园的时候，北京自然博物馆要招义务解说员，那是一个公益活动，煊煊那时候不到六岁，因为口齿伶俐，又认识很多字，被选中了。培训了一段时间自然科学知识，经过考试以后就上岗了。脖子上挂个解说员的牌子，在自然博物馆大厅里解说，后面一群大人跟着他，煊煊会跟别人解释这是什么恐龙，生活在多少年以前，有什么特征，等等，思路特别清晰。（妈妈说）

2007 年·秋
孩子 4 岁 8 个月

一定要让孩子记得，不要去人多的地方看热闹

张奕煊小朋友：

　　告诉你一个好消息，今天下午综合楼前面还要举行拔河比赛，你放学后又可以看了，看的时候别忘记喊加油、加油……

　　注意，要站在高处看，才看得清楚，也安全。

　　　　　　外公，贰零零柒年捌月拾柒日早晨写
　　　　　　　　　　二〇〇七年八月十七日

庆全庵桃花

宋 谢枋得

寻得桃源好避秦，
桃红又是一年春。
花飞莫遣随流水，
怕有渔郎来问津。

妈妈为煊煊注：庵，念作"安"，就是寺庙。

妈妈为煊煊注：枋，念作"方"，是一种木材。

　　从小到大，外公一直都教育我们不要挤在人多的地方看热闹，他非常注意小孩的安全问题。有一次，我看到电视上报道了一起踩踏事件，又正好看到了这封信，就问外公："您当时就考虑过这样的事情？"他说："对，我就想一定要教小孩子人多的地方不要去，要站在高处，或者是站在离人比较远的地方，这样才安全。"在孩子的安全问题上，外公从来都是未雨绸缪。（妈妈说）

"小朋友过儿童节，老年人就过'老人节'"：如何把"平等"的概念教给孩子

尊敬老人的大煊：

你好！

今天是重阳节，也是"老人节"。

小朋友过儿童节，老年人就过"老人节"。

今天你到院子里玩的时候，看见老人，可要记住说一声"爷爷奶奶过节好"。

外公写

2007 年 10 月 19 日

过故人庄

唐 孟浩然

故人具鸡黍，

邀我至田家。

绿树村边合，

青山郭外斜。

开轩面场圃，

把酒话桑麻。

待到重阳日，

还来就菊花。

妈妈为煊煊注：黍，念作"暑"，就是黄米。圃，念作"普"，就是园子。

重阳节是老人节，所以写这封信告诉他老人也要过节，大家都是一样。

我觉得，家长从小就要教孩子平等的概念，我们要关心你，你也关心我们，大家相互关心，就像朋友一样，一家人就应该这样。不是说光是大人关心孩子，你有好的也要懂得分享，从小就让他有这种意识。（外公说）

145

2007 年·秋
孩子 4 岁 11 个月

把数字形象化，孩子就理解、记住了

喜欢动物的小朋友张奕煊：

晚上好！

我们今天在野生动物园看到了大猩猩。

大猩猩又高又壮，但是它没有看起来那么可怕。它是吃植物的。

大猩猩的胃口很大，一天能吃六十斤食物，相当于二百个大香蕉，够大煊吃半年的了。

大猩猩最喜欢吃的是香蕉树的树芯。因为树芯的水分多。

大猩猩不会喝水，靠吃树芯和水果来解渴。

外公，2007 年 10 月 20 日写

清溪行

唐 李白

清溪清我心，
水色异诸水。
借问新安江，
见底何如此。
人行明镜中，
鸟度屏风里。
向晚猩猩啼，
空悲远游子。

大猩猩胃口很大，一天的食物够煊煊吃半年了。其实这个知识我当时还查过资料，不然的话，我可不敢写出来。把数字摆出来，概念就形象起来，很好玩。拿学数学举例，我就跟我的学生讲过一亿人民币大概是多少钱，我说把一百块一张的人民币叠起来放到卡车上要放多少，他们就有这个认识了。（外公说）

小孩的锻炼很简单，能不坐车的时候尽量不要让他坐车，让他多走路

跑得很快的小男孩张奕煊：

　　你好！

　　欢迎你从幼儿园回来，姨婆说你表现好，奖励你冬枣和柚子，放在圆桌上。你洗手后才可以拿来吃。

　　今天外公要和你比赛，看谁在草地上跑得快，你可要认真跑，争取赢。

　　晚上给你讲《三国演义》中的"大意失荆州"。

外公写

2007 年 10 月 22 日

贰零零柒年拾月贰拾贰日

二〇〇七年十月二十二日

临江仙

明 杨慎

滚滚长江东逝水，
　浪花淘尽英雄。
是非成败转头空。
青山依旧在，
　几度夕阳红。
白发渔樵江渚上，
　惯看秋月春风。
一壶浊酒喜相逢。
古今多少事，
　都付笑谈中。

妈妈为煊煊注：樵，念作"桥"，意思是砍柴人。

　　我很重视孩子的身体煅炼，常常带他跑步，其实小孩的锻炼很简单，能不坐车的时候尽量不要让他坐车，让他多走路。有时候他要到小朋友家去玩，我的条件就是不让外公抱着去，也不能让家里开车送去，而是走着去，你愿意就去，回来也是这样。当然，如果距离实在太远，途中也可以抱他走一段作为奖励，例如，"今天你表现得很好，我抱你走一段路。"（外公说）

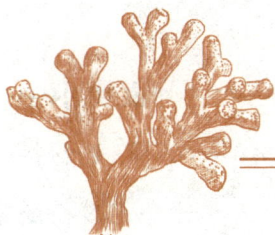

孩子五岁

以大好人来介绍雷锋，这样对小孩来讲就可以了

教孩子知道做什么能让妈妈很开心

让孩子知道有些事不值得去在意

尊重孩子的"善变"

如何让小孩子学会守纪律

如何教孩子学会给长辈惊喜

春天来了，尽量"骗"孩子出门多走点路

让孩子知道什么是"寻找春天"

尊重孩子的"善变"

如何让孩子记住"过生日的人要吃煮鸡蛋"的道理

爸爸的好儿子大煊：

　　早上好！

　　桌上有煮鸡蛋，请你拿给爸爸吃。

　　外婆说：过生日的人，早晨要吃煮鸡蛋。吃了煮鸡蛋，这一年就过得顺利。

外公写

贰零零柒年拾贰月叁日

2007 年 12 月 3 日

武夷山中

宋 谢枋得

十年无梦得还家，

独立青峰野水涯。

天地寂寥山雨歇，

几生修得到梅花。

儿子亲手拿鸡蛋给爸爸吃，过生日的爸爸心里一定比蜜还甜。（外公说）

以大好人来介绍雷锋，这样对小孩来讲就可以了

喜欢走路的小小男子汉张奕煊：

你好！

今天是大家学雷锋的日子，雷锋是一个大好人，他经常帮助有困难的人，大学生、中学生、小学生及幼儿园里的小朋友，所有的人都要学习雷锋好榜样，我们要像雷锋一样关心别人，帮助别人。

外公写

贰零零捌年叁月伍日

二〇〇八年三月五日

过零丁洋

宋 文天祥

辛苦遭逢起一经，
干戈寥落四周星。
山河破碎风飘絮，
身世浮沉雨打萍。
惶恐滩头说惶恐，
零丁洋里叹零丁。
人生自古谁无死，
留取丹心照汗青。

雷锋精神就是助人为乐，助人为乐是美德。现在回忆起来，我当时是想写封雷锋助人为乐、舍己救人的信，可发现不太好写，后来干脆就写个大好人，以大好人来介绍雷锋，对小孩来说这么介绍就行了，对于孩子来说，一个人的不同最终就是好人和坏人的区别。（外公说）

外公的信大多都这样，把事情讲得很直白、很简单，让孩子能很单纯地接受。（妈妈说）

教孩子知道做什么能让妈妈很开心

妈妈的好宝贝张奕煊：

早上好！

你给妈妈制作的项链真是漂亮极了，妈妈收到这个生日礼物一定会很开心的。

今天晚上，我们一起来吃蛋糕，祝妈妈生日快乐！

外公写

2008 年 3 月 6 日

春寒

宋 陈与义

二月巴陵日日风，

春寒未了怯园公。

海棠不惜胭脂色，

独立蒙蒙细雨中。

这个项链是用珠子做的，煊煊以前还用柳条给她做过一个花环，他妈妈收到礼物后特别开心。（外公说）

让孩子知道有些事不值得去在意

越来越能干的小小男子汉张奕煊：

你越来越勇敢了，外公从上海回来后，还没看到你流过眼泪，真是个不爱哭的小小汉子，棒极了。

外公

2008 年 3 月 7 日

贰零零捌年叁月柒日

二〇〇八年三月七日

送杜少府之任蜀州

唐 王勃

城阙辅三秦，

风烟望五津。

与君离别意，

同是宦游人。

海内存知己，

天涯若比邻。

无为在歧路，

儿女共沾巾。

煊煊是男孩，在我看来男孩应该坚强点，因为男儿有泪不轻弹的，所以鼓励他不要老哭，哭了人家会笑话他。（外公说）

男孩子哭一下我倒不是很在意。我会让煊煊知道有些事情不值得去在意，如果他真的在意，想流泪就流呗。如果一直憋着，小孩有可能会得病。（妈妈说）

尊重孩子的"善变"

亲爱的大煊:

你好!

你翻筋斗棒极了,像一个小孙悟空了。你舞也跳得不错,因为你是学跳舞的唯一的一个男孩子,所以你当然是男孩子中的第一名了,哈哈。

祝你天天快乐!

外公写

2008 年 3 月 10 日

和晋陵陆丞早春游望

唐 杜审言

独有宦游人,
偏惊物候新。
云霞出海曙,
梅柳渡江春。
淑气催黄鸟,
晴光转绿蘋。
忽闻歌古调,
归思欲沾巾。

在幼儿园,我们给孩子报了一些课外班,煊煊选择了绘画、弹钢琴和跳舞。男孩子就他一个报了跳舞。男孩也该跳跳舞,跳舞好。(外公说)

当时本来还有武术班,但是煊煊挑选了舞蹈班。我就问他为什么,他说因为老师是女老师,而武术班是男老师教,煊煊觉得女老师比较温柔一些,不会像男老师那么凶,所以他趋利避害,就选择了舞蹈。但是他只学了一年就放弃了,因为他学的是芭蕾,本来学得很好,但是有一些阿姨、奶奶会大惊小怪,"看看看,这小男孩跳芭蕾。"煊煊听了就觉得好像大家都认为男孩子不应该学芭蕾。小孩都是很敏感的,所以他后来就不去练跳舞了,我觉得挺可惜的。(妈妈说)

如何让小孩子学会守纪律

好孩子张奕煊:

你好!

昨天你玩得很开心,看到你很快乐,全家人都很高兴。

今天是 11 日,北京市规定,11 日是排队日,你看,"11" 很像两个人在排队,一前一后。小朋友们都要守纪律,不要争先恐后,要依次排队。

昨天,上美术课时你在吃东西,这可不是好习惯,一定要改正。

祝你天天快乐!笑口常开!

外公写

大写贰零零捌年叁月拾壹日

小写二〇〇八年三月十一日

春夜喜雨

唐 杜甫

好雨知时节,

当春乃发生。

随风潜入夜,

润物细无声。

野径云俱黑,

江船火独明。

晓看红湿处,

花重锦官城!

当时北京有一个排队日,每个月的 11 号都是排队日,现在好像取消了。写这封信,主要是让他懂得守纪律。(外公说)

信里也指出了煊煊在上美术课时吃东西的一些小问题。总的来说,在对煊煊的教育上,还是批评少,表扬多的。(妈妈说)

如何教孩子学会给长辈惊喜

外婆的好外孙张奕煊：

早上好！

今天是外婆的生日，我们一起来吃面条吧。知道为什么过生日要吃面条吗？因为面条是长长的，代表"长寿"的意思，所以在过生日的时候吃的面叫作——长寿面。

请拿出你在幼儿园画的生日卡片，悄悄放在外婆的座位上，给她一个惊喜。

外公，2008 年 3 月 12 日早晨写

子夜四时歌　春歌

唐　李白

秦地罗敷女，
采桑绿水边。
素手青条上，
红妆白日鲜。
蚕饥妾欲去，
五马莫留连。

在这封信里，我跟煊煊解释了面条的寓意。给外婆的生日卡片是他在幼儿园画好的，教他这样做是为了让外婆有一个惊喜。（外公说）

每一次家里有人过生日的时候，外公都会给煊煊出很多主意。孩子慢慢就懂得了这样做的意义，基本上家里每一个人的生日，他都记得住。（妈妈说）

春天来了，尽量 "骗" 孩子出门多走点路

我最好的朋友张奕煊：

　　早上好！

　　我们很久没有到湖边去看小鸭子了，今天放学后我们一起去，好不好？

　　春天来了，家中要开始种葫芦了。以后会结许多大大小小的葫芦，送给老师和小朋友们玩。

外公写

2008 年 3 月 13 日

惠崇《春江晚景》

宋 苏轼

竹外桃花三两枝，

春江水暖鸭先知。

蒌蒿满地芦芽短，

正是河豚欲上时。

　　之所以带煊煊去湖边看小鸭子，就是尽量想让他多走点路，因为这个湖比较远，离家大概一公里，而一公里对小孩来说已经不近了。（外公说）

　　外公教育的理念就是持续性的教育，例如，2007 年的春天带孩子去看了小鸭子，那么，2008 年春天他可能还会提起这个事情。（妈妈说）

2008 年·春
孩子 5 岁 4 个月

让孩子知道什么是"寻找春天"

能说会道的小男孩张奕煊：

早上好！

你听了很多很多故事，以后，你要把听过的故事讲给别人听，今天回家，你讲一个故事给外公听，好不好？

春天来了，小草发芽了，小树开始长新叶了，小虫也到处爬了。今天，我们一起到儿童乐园去寻找春天吧。

外公，2008 年 3 月 14 日写

月夜

唐 刘方平

更深月色半人家，

北斗阑干南斗斜。

今夜偏知春气暖，

虫声新透绿窗纱。

这封信的主题就是寻找春天，写这封信是受了报纸上一句话的启发，所以我也去寻找春天看看，小孩也跟着一起去，找春天去喽！（外公说）

"孩子也是消费者"：如何让孩子知道什么是"消费者的权益"

喜欢买玩具的小男孩张奕煊：

你好！

今天是 3 月 15 日，是"消费者权益日"。消费者就是买东西的顾客。比如说，大煊买了玩具，就是玩具的消费者；大煊买了图画书，就是图画书的消费者；大煊买了水果，就是水果的消费者……如果玩具质量不好，图书是盗版的，水果是坏的，消费者的权益就受到了损害。因此，国家要保护消费者的权益。

外公，2008 年 3 月 15 日写

江南春

唐　杜牧

千里莺啼绿映红，
水村山郭酒旗风。
南朝四百八十寺，
多少楼台烟雨中。

3 月 15 日是消费者权益日，怎么给他讲呢？当时我想了半天，最后想到既然他也是消费者，那么就从他的角度来写吧。（外公说）

2008 年·春
孩子 5 岁 4 个月

如何提高孩子画画的兴趣：把孩子的涂鸦装框挂起来

学习画画的小男孩张奕煊：

　　今天是星期一，下午要上美术课，学习画画，你可要认真学，画得好外公拿去装框挂起来。

　　下面介绍一些重要知识：

　　我们祖国是中国，全名是中华人民共和国。国旗是五星红旗。国歌是《义勇军进行曲》。你张奕煊生在北京，所以是北京人，你爸爸姓张，所以你也姓张。你爸爸、妈妈都是汉族人，所以你也是汉族人。

外公写
2008 年 3 月 17 日

塞上曲

唐 戴叔伦

汉家旗帜满阴山，
不遣胡儿匹马还。
愿得此身长报国，
何须生入玉门关。

　　为了鼓励煊煊好好画画，我就说画得好我要拿去装框挂起来，孩子知道自己东西能挂在墙上的话，就会很开心，觉得有成就感。所以如果你想鼓励自己的孩子坚持一件好事情，并不一定要说多少大道理，让孩子开心就行。（外公说）

如何教孩子准确介绍自己的姓名

一天天长高的小男孩张奕煊：

　　早上好！

　　别人问你姓名，你应该回答：张奕煊；又问怎么写，你应该回答：弓长"张"，神采奕奕的"奕"，宣传的"宣"加一个火字旁。希望你学会正确地写自己的名字，以后画画一定要签名。

　　下面介绍一些小知识：

　　四面都被水包围的土地叫作岛，你去过的横沙岛就是一个岛。

　　中国第一大岛是台湾岛，第二大岛是海南岛，第三大岛是崇明岛。

外公写

二〇〇八年三月十八日

妈妈为煊煊注：篷，念作"朋"，是船帆，短篷，代指小船。藜，念作黎明的"黎"，杖藜，就是"藜杖"，藜是一种植物，它的杆长老了可以做拐杖。

绝句

宋　僧志南

古木阴中系短篷，
杖藜扶我过桥东。
沾衣欲湿杏花雨，
吹面不寒杨柳风。

在幼儿园画画的时候老师还教孩子们写字了，本来我们没教煊煊写字的，一直没教，这时候老师希望学生自己在画上签名，所以开始教他了。一开始煊煊只签了个张奕，煊字不会写，后来会写了才把煊字补上的。（外公说）

2008 年·春
孩子 5 岁 4 个月

"泉眼无声惜细流，树阴照水爱晴柔"：如何让孩子懂得节约用水

爱画画的小男孩张奕煊：

早上好！

今天又是星期一了，你下午又要学画画了，希望你认真学习，画几幅很漂亮的画给小姨看。

昨天我们看见蛾已经出来到处飞了，这几天放学后我们一起出去玩，去看蝴蝶，去看蜻蜓，去湖边看小蝌蚪。

你知道不，我们打开水龙头，水就会哗哗流，人们把流出来的水叫作自来水，其实自来水不是自己从天而降的，是用电从河里、从地底下抽上来的，所以水是很宝贵的，千万不要浪费。

外公写
二〇〇八年三月二十四日
大写贰零零捌年叁月贰拾肆日

小池

宋 杨万里

泉眼无声惜细流，
树阴照水爱晴柔。
小荷才露尖尖角，
早有蜻蜓立上头。

　　煊煊很喜欢玩水，有时候就把水洒得到处都是，那段时间他经常在卫生间里玩水，拿着莲蓬头到处喷、到处洒，所以我要教育他节约用水。（外公说）

大人有不认识的字，也要查字典：如何培养孩子好的学习习惯

勇敢的小男孩张奕煊：

　　最近几天，你剪纸、折纸棒极了，大家都为你鼓掌。

　　在新华字典上，是这样介绍鱼的：

　　鱼是一种脊椎动物，生活在水中，通常体侧扁，大都有鳞和鳍，用鳃呼吸，体温随外界温度而变化，种类很多。

　　大人、小孩有不认识的字，都可以查字典。

　　你画的鱼非常好看，明天爸爸、妈妈都要去看。

外公写

2008 年 3 月 28 日

兰溪棹歌

唐　戴叔伦

凉月如眉挂柳湾，

越中山色镜中看。

兰溪三日桃花雨，

半夜鲤鱼来上滩。

煊煊那天是正好画了鱼，所以外公给他讲这个。（妈妈说）

2008 年·春
孩子 5 岁 4 个月

孩子画了珊瑚，就可以顺便给他讲有关珊瑚岛的知识

嘉洛德国际双语幼儿园飞鱼班勇敢的小男孩张奕煊：

　　早上好！

　　昨天我们一起到儿童乐园玩挖沙游戏，很开心，我们还带了捉蝴蝶的网，结果捉住了一只甲虫，也算是意外收获，以后我们再去玩。

　　你画的海洋里有鱼，海洋里还有一种很小的动物叫珊瑚虫，它会分泌出石灰质的东西，一年、两年、十年，这种东西多了，就形成像树枝一样的珊瑚，有白、有红，很漂亮。千年、万年，这些像树枝一样的珊瑚多得堆成大山，就形成了珊瑚岛，中国南海里有很多珊瑚岛，身体强壮的人可以去看看。

　　今天是 2008 年 3 月份的最后一天，从明天起，就是 2008 年 4 月份了。

外公
2008 年 3 月 31 日早晨写

春晴

唐 王驾

雨前初见花间蕊，
雨后全无叶底花。
蜂蝶纷纷过墙去，
却疑春色在邻家。

　　煊煊画的鱼旁边会有一些软体动物，不知道是不是珊瑚，有时候我也不知道他画的东西是不是想象的，可能和珊瑚虫相关，因为我们经常带他去海洋馆，他喜欢画海洋鱼。（妈妈说）

很多大人也读错字，多半是因为小时候不查字典导致的

跑得很快的棒小伙子张奕煊：

　　昨天上美术课时你认真听老师讲，还举手回答问题，画得也不错，棒极了。

　　认字的小孩说话要文明，以后你应该特别注意用文明语言：请，您好，谢谢，对不起。

　　在新华字典上，你可以查到，中国有黄海、东海、南海和渤海，海很大很大，但比洋小，中国所有的海加起来，也没有一个太平洋大。海洋中长着各种各样的动物和植物，有一些看上去非常漂亮。

外公写
2008 年 4 月 1 日

浪淘沙

唐 白居易

白浪茫茫与海连，
平沙浩浩四无边。
暮去朝来淘不住，
遂令东海变桑田。

　　其实孩子的疑惑很多，常常会问倒我，每当这时我就说我去看书、查字典，告诉他这些东西都在书上有。（外公说）

　　这是教煊煊字典的用处，想提醒他字典很重要，外公知道的都是在字典里有的，那段时间我们鼓励他查字典。因为幼儿园里面不会教孩子查字典，上小学以后老师才会教。

　　其实很多小学生都不爱查字典，遇到不会读的字他们就蒙一个读音。你会发现其实很多大人也读错字，多半是因为小时候不查字典导致的。（妈妈说）

如何教孩子在恶劣的环境里保护自己

有很多优点，也有不少缺点的小小男子汉
张奕煊：

　　昨天夜里，在你睡得很香时，外面刮
起了大风，吹断了不少树枝，还吹倒了一些
小树，未关紧的窗户上的玻璃也被打破了。

　　风是流动着的空气形成的，和风细雨有
利于树木花草生长，狂风暴雨会带来灾害。

　　在刮大风时，最好不要出门，以防被
风吹断的树枝砸伤，以防楼上的东西被风
吹下来砸破头。

　　北京有时会发生沙尘暴，风中有很多
很多细小的沙土，走路时应眯着眼，防止
这些细小的沙土吹入眼中。

外公写

2008 年 4 月 2 日早晨

　　邮政编码100000

　　北京市某区嘉洛德国际双语幼儿园飞
鱼班

　　张奕煊先生收

春思

唐 李白

燕草如碧丝，

秦桑低绿枝。

当君怀归日，

是妾断肠时。

春风不相识，

何事入罗帏？

　　一直到现在煊煊还有这样的安全意识，怕楼上掉东西下来砸到人，刮风天他
就会很注意，这跟我在他小时候告诉他是有关系的。（外公说）

如何让孩子养成带着任务出去玩的好习惯

全家人都喜欢的小男孩张奕煊:

早上好!

今天你要去海洋馆,我们都特别高兴,大家都希望你回家后给我们讲讲你看到了什么,你最喜欢的海洋动物是什么,你觉得海洋馆里什么地方最好玩……

以后和外公、外婆一起去海洋馆,你可要给我们做导游。

祝你今天玩得开心! 笑口常开!

外公写

大写贰零零捌年肆月叁日

小写二〇〇八年四月三日

寒食

唐 韩翃

春城无处不飞花,

寒食东风御柳斜。

日暮汉宫传蜡烛,

轻烟散入五侯家。

平时我会有意识地让孩子思考他自己最喜欢什么,出去玩看到了什么,什么地方好玩,让他慢慢地养成带着任务出去玩的习惯。(外公说)

清明节的前一天是寒食节。古时候,人们在这一天不生火做饭,吃冷食。

(妈妈说)

孩子考第一名的秘诀：谦虚、学习习惯好

有很多优点，也有不少缺点的好孩子张奕煊：

首先，请你代我们问全家人好！

其次，请你转告全家人，我们在上海的三个人身体都很好，外公在上海几乎天天与老同学聊天，玩得很自在。

明天或后天，上海受台风影响，将有大风，可能还会下大雨。台风是太平洋上空冷热空气上下流动形成的，每年夏季要穿过中国，好处是带来大量的雨水，对农作物生长有利，粮食可能大丰收，坏处是有时会造成水灾，刮断树木，吹倒房屋。

台风季节，大风吹落的树枝、广告牌、玻璃等等可能砸伤人，大家都要小心。

祝大煊吃饭香，睡觉甜，玩得爽！

外公写

2008 年 4 月 21 日于上海

过京山

宋 李曾伯

总角嬉游处，
重来转盼然。
溪山犹昨日，
朋友尽中年。
旧话逢人说，
新诗为客传。
唤回风雨梦，
犹记北窗眠。

孩子六岁以前外公给打的基础非常好，培养了孩子的自学能力。所以小学一年级到三年级，每个学期孩子的各科成绩都是全班第一。老师开家长会的时候让煊煊上台发言，他说："大家都认为我考试考得好是有什么秘诀，其实我的秘诀只有一个，就是我每次做完题都要检查两遍。"我觉得他说得特别好，一是告诉了别人他只是学习习惯好，别人如果细心检查也可以达到他的成绩，另外一个我觉得他跟外公学到了一种谦虚的品质，这是外公言传身教的结果。（妈妈说）

如何教孩子灵活动脑

如何增强孩子的计算能力和做事的规划能力

嘉洛德幼儿园飞鱼班小男孩张奕煊：

　　早上好！再过六个月，你就满六周岁了！哈哈！

　　居委会要大家报名参加六一儿童节演出。去年你和小朋友一起唱歌、跳舞、打拳和做游戏，今年我们都等着看你们表演呢，你可要早点准备哟。

　　五月份天气忽冷忽热，有人感冒了，头疼脑热的，很不舒服。你是一个棒小伙子，整天跑跑跳跳，经常锻炼身体，不容易生病，但也要注意预防传染病，吃饭前一定要认真洗手。

　　预防手足口病的主要方法是吃东西前一定要洗手，你可要养成这个好习惯。

　　　　　　　外公，2008 年 5 月 12 日写

登山

唐 李涉

终日昏昏醉梦间，
忽闻春尽强登山。
因过竹院逢僧话，
又得浮生半日闲。

妈妈为煊煊注：强，是多声字，在这里读作"抢"，是勉强的意思。

　　外公很喜欢把数学的东西，渗透在日常生活里，比如，5 月 12 日离煊煊的六岁生日正好差六个月，他就在信里告诉孩子，让孩子脑子里加深一种数学意识。外公还很重视孩子的规划能力，做什么事前他会经常提醒煊煊早做准备。比如这次儿童节的演出是由煊煊来主持的，让他主持的原因，就是因为别的孩子都认不全节目单上的字，只有煊煊认的字多，所以外公让煊煊好好准备。（妈妈说）

用孩子刚刚经历的事情教育他，他会记得更牢

一天天长大能说会道的小男孩张奕煊：

2008 年 5 月 12 日 14 : 28，四川省汶川县发生 7.8 级地震，两千多公里外的北京也有震感，造成许多房屋倒塌，很多人伤亡。

地震是一种自然现象，是地球表层快速振动引起的，发生地震时，室内的人应该迅速跑到室外空地上，保证安全。

外公，2008 年 5 月 13 日早晨写

秋夜将晓出篱门迎凉有感

宋 陆游

三万里河东入海，
五千仞岳上摩天。
遗民泪尽胡尘里，
南望王师又一年。

汶川地震了，当时北京也有震感，煊煊在幼儿园也感觉到了，老师马上就让他们跑出屋子，没有什么事儿。回家以后，外公马上就给孩子讲怎么躲避地震，比如地震的时候，如果人在家里，就要迅速跑到外面宽阔的地方，如果跑不出去，就找什么什么样的地方躲避，然后再怎样保持体力、怎样求救……

如果是平时给孩子讲地震的知识，孩子肯定似懂非懂，但那天孩子对地震有了非常直观的感觉，感觉到那种危机感，所以就会记牢这些知识。（妈妈说）

如何激发孩子上学的兴趣

长得很快的小男孩张奕煊：

早上好！

等你满六周岁，就是个大孩子了，先要读小学，然后上中学，接着考大学。

小学里有很多很多小朋友，大家一起在很大很大的运动场上跑步，在沙坑里跳远，一起看电影，一起外出参观，好玩极了。

小学里有很大的图书馆，里面有成千上万本书，小学生都可以进去看。小学里还有实验室，你可以去做自己喜欢的实验。

明年上小学后，你就和小雨姐姐一样，是个小学生了，不再是小毛孩了。

外公写

2008 年 5 月 15 日早晨

滁州西涧

唐韦应物

独怜幽草涧边生，
上有黄鹂深树鸣。
春潮带雨晚来急，
野渡无人舟自横。

因为煊煊快要上小学了，外公就开始给他做工作，好让他慢慢准备，让他充满向往。要是孩子一想到上学要学习呀，压力很大呀，就可能不想去，上学后也不适应。外公描述孩子将要上的学校的内容都是那种能让孩子特别憧憬的，外公会说学校有很多小朋友、很大的运动场、很多本书……总之，学校里的一切都让孩子比较期待，事实上，在写信之前，外公已经去了好几家小学考察：学校怎么样、设施怎么样、老师怎么样……他也会去听课，看看老师是怎样上课的，因为他每天都在教学生，听听课就能够看出这个学校到底适不适合煊煊——他不只是看小学的名声，而是要看这个小学所推崇的教学理念，符不符合我们对孩子的教育思路。（妈妈说）

2008 年·夏
孩子 5 岁 6 个月

如何让小孩子记住一年和四季的概念

亲爱的小男孩张奕煊：

　　早上好！

　　平年一年有 365 天，闰年一年有 366 天，一年分为春夏秋冬四季，每年 2、3、4 月为春季，5、6、7 月为夏季，8、9、10 为秋季，11、12、1 月为冬季。

　　现在是 5 月，属于夏季，夏季的特点是热，主要水果是西瓜，吃了不干净的东西容易得肠胃病。夏季是看荷花的季节，是游泳的好季节。夏季要多喝水，少晒太阳，防止中暑。

　　夏季是一个美好的季节。

外公，2008.5.23 早晨写

妈妈为煊煊注：乍，念作"炸"，意思是刚刚。

客中初夏
宋 司马光

四月清和雨乍晴，
南山当户转分明。
更无柳絮因风起，
惟有葵花向日倾。

　　外公是教数学的教授，他知道比方说今年孩子的生日 11 月 12 号，是星期三，那么如果今年是一个普通的平年，明年他的生日应该是星期几呢？应该是加一天，也就是星期四。这个知识应该是可以马上随口都答出来的，外公都教过他，现在煊煊都还知道。（妈妈说）

如何让小孩子记住年、月、日是怎么定义的

爱读《百科全书》的小男孩张奕煊：

你好！

地球绕太阳一周为一年。月球绕地球一周为一个月。地球自转一周为一天。

地球绕太阳一周，需要 365 天 5 小时。人们就把平年定为 365 天，闰年定为 366 天，每四年一次闰年。

平年一年有五十二个星期多一天，闰年一年有五十二个星期多两天。

外公，2008.5.24 写

即景

宋 朱淑真

竹摇清影罩幽窗，
两两时禽噪夕阳。
谢却海棠飞尽絮，
困人天气日初长。

我介绍了一些《百科全书》上的知识给煊煊，并让他有时间去书上找，所以这封信的内容稍微复杂一点。（外公说）

如何让孩子觉得自己长大了，能干了

喜欢参观国家大剧院的小男孩张奕煊：

早上好！

昨天我们参观国家大剧院，看了"巨蛋"的壳、蛋黄、蛋白，印象深刻。

我们还看了中国大戏曲家汤显祖的画像，看了英国大戏剧家莎士比亚的画像。

我们还听了小提琴演奏《梁山伯与祝英台》。

昨天我们在大剧院走了两三个小时，你又跑又跳，外公都累了，你却一点都不累，回家还跟爸爸、妈妈去游泳，你真是一个棒小伙子了，老头跑得没你快了。

外公，2008.5.26 写

赠花卿

唐 杜甫

锦城丝管日纷纷，
半入江风半入云。
此曲只应天上有，
人间能得几回闻。

写这封信就是要鼓励他，让他觉得自己长大了，能干了。（外公说）

多让孩子请小朋友们到家里来玩

XX小区XX号的小男孩张奕煊：

　　昨天下午，你请嘉洛德幼儿园大班的全体小朋友来家里玩，给大家介绍了你住的地方，请大家吃水果，玩玩具，还看到了小黑和小白，大家很高兴，你也很开心。以后，你还可以请小朋友们来玩，大家一起玩，笑声特别响亮。

　　昨天下了一场小雨，雨后空气清新，我们经常在小花园里走走，呼吸雨后新鲜空气，你可以长得更高，长得更棒。

外公，2008.5.27 写于北京

成都曲

唐　张籍

锦江近西烟水绿，
新雨山头荔枝熟。
万里桥边多酒家，
游人爱向谁家宿？

　　小黑和小白是我们以前收养的小狗狗。收养时孩子还太小，应该是第一次接触小狗，我还教他认哪只是小黑狗，哪只是小白狗。（外公说）

夏天到了，家长要告诉孩子什么知识

勇敢的小男孩张奕煊：

　　早上好！

　　最近几天，妈妈天天陪你玩，你很开心，妈妈也很高兴，主要是你表现好，说话和气，用文明语言。

　　我们小花园里结了很多很多各种各样的小果子，请你自己去仔细看一看，有多少种，到秋天，就有收获了，哈哈！

　　夏天到了，天越来越热，要注意不能多晒太阳，要防虫子叮咬，要自己学会保护自己。

外公，2008.5.28 写

漫兴

唐 杜甫

糁径杨花铺白毡，
点溪荷叶叠青钱。
笋根稚子无人见，
沙上凫雏傍母眠。

　　夏天到了，家长要告诉孩子少在烈日下暴晒，学会自己保护自己，这很重要。安全方面的东西，我在信上写得比较少，实际上平时跟他讲了很多。例如，过马路时，如果有人被车子撞了，把脚撞断了，一只脚走路多痛苦，再也不会长出来了，这样的东西教了很多，信上倒没有写，我觉得写出来好像有点恐怖。只要让他明白不注意安全的危害就可以了。（外公说）

对孩子来说，做树叶标本是非常益智有趣的事

全家人都喜欢的好孩子张奕煊：

你好！

你和所有的小朋友一样，有很多优点，也有不少缺点，但全家人都爱你，老师们也喜欢你，小朋友们跟你一起玩时也很高兴，因为你是一个懂事的大孩子了。

昨天我们做了一些树叶标本，今天我们到湖边再去摘树叶，多做一些标本，以后请小朋友们来欣赏各种各样，有大有小，颜色不同的植物标本，一定很有趣。

外公，2008.5.29 早晨写

村晚

宋 雷震

草满池塘水满陂，
山衔落日浸寒漪。
牧童归去横牛背，
短笛无腔信口吹。

写这封信这是教煊煊做标本。之后，煊煊做了不少标本，夹在书里边，对于他来说，标本也是玩具，不仅有趣还可以了解、欣赏大自然的美。（外公说）

外公经常注意在信里强调"你有优点，也有缺点，但我们都爱你"，让孩子知道，无论他是怎样的一个人，家人都会无条件地爱他。（妈妈说）

遇到好吃的，不妨让孩子采用"存入家长银行"的方式

喜欢做标本的小朋友张奕煊：

　　我们家的樱桃成熟了，一串串鲜红的樱桃看上去漂亮极了，记住，每天放学后摘几颗来吃，还可以请好朋友来分享。

　　六月八号，是农历五月初五，中国称为端午节，这一天人们都吃粽子，纪念屈原。

　　外公准备多买点粽子，全家人高高兴兴地一起大饱口福，交给你一个任务，给大家分粽子。

　　　　　　　　外公，2008.6.2 早晨写

竹枝词

明　沈明臣

雨过高田水落沟，
瓦桥鱼上柳梢头。
梅子青酸盐似雪，
樱桃红熟酒如油。

　　遇到好吃的，得防止小朋友吃得过多。不过，强行不让孩子吃也不是好办法。不妨采用存入家长银行的方式：让小朋友把余下的部分交给家长保管，下次家长再原封不动地还给小朋友，还另给奖励作为利息。这种办法值得试试。（外公说）

当孩子刚会打电话时，就让他打一个电话去问候亲人

已经会打电话的小男孩张奕煊：

你好！

请给小雨姐姐打一个电话，祝她生日快乐。

你知道吗？古代没有电话，人们只能给远方的亲人写信。

电话是美国人贝尔在一百多年前发明的。

外公写

2008 年 6 月 24 日

海棠

宋 苏轼

东风袅袅泛崇光，
香雾空蒙月转廊。
只恐夜深花睡去，
故烧高烛照红妆。

亲情是不可缺少的，一句问候暖人心。（外公说）

如何让孩子明白什么是"供求关系"

爱听故事的好孩子张奕煊：

我讲一个故事给你听：

在一个人烟稀少的路旁，有一个小小的饭店，老板在路边竖立了一个广告牌，上面写着：

请进店吃饭，否则你和我都要饿肚子了！

第一个问题：如果顾客不进这个店吃饭，顾客为什么会饿肚子？

第二个问题：如果顾客不进这个店吃饭，老板为什么会饿肚子？

你如果不知道答案，请仔细想一想。

你如果知道答案，可以考考其他小朋友。

外公写

2008 年 6 月 30 日晚

直中书省

唐 白居易

丝纶阁下文章静，
钟鼓楼中刻漏长。
独坐黄昏谁是伴，
紫薇花对紫薇郎。

这个故事就是从书上翻到的，我没给煊煊答案，让他自己想，结果这两个问题，他都回答出来了。顾客不进这家店为什么会饿肚子？煊煊说前面没店了，不在这里买东西就没吃的了。第二个问题难一点，为什么顾客不进店，老板会饿肚子呢？我给他介绍了一下饭店是干嘛的，为什么要开饭店，他慢慢就晓得开店是为了赚钱，赚不到钱老板就没钱吃饭，真是有趣。我们还建议他去考考其他小朋友，他真的去问了其他小朋友，虽然表述得不大清楚，但也算锻炼了他的表达能力。（外公说）

如何教孩子灵活动脑

爱动脑筋的小男孩张奕煊：

今天讲的故事是：

在一个月黑风高的秋天，古代一位将军率骑兵追击敌人迷路了，天亮一看，四周是一片茫茫沙海，看不到一个行人，看不到一只飞鸟，看不到一颗大树，看不到一根小草。军中缺粮断水，寒风刺骨，将军束手无策，一筹莫展。在万般无奈的情况下，将军下令：谁能将军队带回营地，奖黄金百两。这时一位喂马的老兵说："我有办法。"老兵放出一匹老马，让老马在前面带路，大家在后面跟着走，经过千难万险，老马终于把大家带回了营地。这个故事的名字叫：老马识途。

问：一百两黄金应该奖给老马还是奖给老兵？

外公写

2008 年 7 月 2 日

江汉

唐 杜甫

江汉思归客，
乾坤一腐儒。
片云天共远，
永夜月同孤。
落日心犹壮，
秋风病欲疏。
古来存老马，
不必取长途。

讲这个老马识途的故事一是为了让煊煊了解这个成语典故，二是为了让他动动脑筋。煊煊的回答是黄金应该给老兵，因为老马不会用钱。你想不到他的答案会是因为这个理由，这却是最单纯、最直接的一个答案。现在回想起给煊煊写信的那段日子，还是很有乐趣的。（外公说）

讲"杀鸡取卵"的故事给孩子听，就是想告诉他不要骄傲和贪心

游泳已学会换气的小朋友张奕煊：

从前，有个老太太喂了一只非常非常特别的大母鸡，这只母鸡每天都会给老太太下一个金鸡蛋，老太太卖了金蛋，发财了。她买了很大很漂亮的房子，买了很多很好看的衣服，还买了各种各样好吃的东西，过着舒舒服服、无忧无虑的日子。

有一天，一个过路人对老太太说，你的母鸡肚子里肯定装满了金蛋，老太太听后杀了母鸡，梦想得到一大堆金蛋，可仔细一看，一个金蛋也没有。

老太太伤心极了，没有了母鸡，贪心的老太太越来越穷了，吃了上顿没下顿。

这个故事名字叫"杀鸡取卵"。

外公写

2008 年 7 月 4 日

题破山寺后禅院

唐 常建

清晨入古寺，
初日照高林。
曲径通幽处，
禅房花木深。
山光悦鸟性，
潭影空人心。
万籁此俱寂，
但余钟磬声。

我讲"杀鸡取卵"的故事给煊煊听，就是想告诉煊煊不要骄傲。他听了之后就说这个老太太傻了，他也没想到贪心这个词，甚至没想到贪字。慢慢地，我开始注意给煊煊讲一些寓言故事，因为他能接受这些东西了，而且能懂得其中的道理了。（外公说）

一定要提前告诉孩子与家人走失时的求救办法

勇敢的小男孩大煊：

　　早上好！

　　今天爸爸、妈妈要带你出去玩，外公考你一个问题：如果在大商场里，你正高高兴兴地玩，突然发现看不见爸爸、妈妈了，商场里人很多，你该怎么办呢？

　　外公教你一个好办法：你可以立即在原地附近靠墙站着，防止走路的人撞着你，并且不再走动，等着爸爸、妈妈来找你。当然，你如果记住了爸爸或妈妈的手机号码，请保安叔叔给他们打一个电话就更好了。希望你们今天玩得开心。

　　别忘记，回家后可要给我讲一个今天你遇到的有趣的事情哟。

　　　　　　　　你最好的朋友外公写

　　　　　　　　2008.7.16

巴女谣

唐 于鹄

巴女骑牛唱竹枝，
藕丝菱叶傍江时。
不愁日暮还家错，
记得芭蕉出槿篱。

妈妈为煊煊注：鹄，念作"胡"，就是天鹅。

　　做好对孩子的安全教育当然是家长的头等大事。这封信是告诉煊煊如果和爸爸、妈妈走散了他应该怎么办，我认为很多东西都要提前教，尤其是对孩子安全意识的培养。（外公说）

　　后来我们带煊煊去参观天文馆，煊煊就走丢了，但他一点也不害怕，正好看见过来一个穿制服的工作人员，煊煊就问他："您是不是这里的工作人员？我爸爸、妈妈丢了，您能不能帮我把他们找回来？"就这样，很快我们就找到了他。（妈妈说）

把舍不得的东西送给别人：让孩子知道舍得的"难"与"快乐"

善良的小男孩张奕煊：

　　你好！

　　奥运会就要开幕了，全中国的人都很开心，全世界的人也很关心。有一位以色列的老奶奶，为了看奥运，提前三个月就到了北京，她带的钱不多，就以教英语来维持在京的开销，真不简单。可是她和她的朋友没有申购到门票，非常着急。妈妈偶然认识了她们，为了帮助她们能高兴地看奥运，就把我们好不容易通过摇号中签申购到的三张奥运看蹦床比赛的门票送给她们了……

　　在 2008 年 8 月 16 日 11：00 到 13：28，我们一起在家中看电视转播蹦床比赛时，和她们一起为运动员加油吧。

外公写

2008 年 7 月 28 日

瑶池

唐 李商隐

瑶池阿母绮窗开，
黄竹歌声动地哀。
八骏日行三万里，
穆王何事不重来？

　　奥运会期间，票特别难买。当时，我们一家人正准备进去，看见一位外国老太太站在门口，很失落的样子。我一问，她说她是犹太人，喜欢中国，特意从以色列来到中国看奥运会。外公说，咱们把票给她们吧！于是，我们就把票给了老太太。

　　奥运会在外公的信里说过很多，他爱国，也很爱体育，而且外公的想法是让孩子从小喜欢体育，不一定非要让他做多少运动，但是至少要对体育感兴趣。外公认为体育是一种精神，让孩子知道这一点好。（妈妈说）

让孩子知道亲情的可贵

越长越高的小男孩煊煊：

你好！

在我们家的相册里，有一张爷爷、爸爸和你的合影，三个人都笑得合不拢嘴。所有看过这张照片的人都说，这祖孙三代人实在太像了。

告诉你一个秘密：你三十年后的样子就像照片中的爸爸，你六十年后的样子就像照片中的爷爷。这张照片可要保存好，这是咱们家的传家宝。

白头发越来越多的外公写
2008 年 8 月 5 日

清平乐 · 村居

宋 辛弃疾

茅檐低小，
溪上青青草。
醉里吴音相媚好，
白发谁家翁媪。
大儿锄豆溪东，
中儿正织鸡笼。
最喜小儿无赖，
溪头卧剥莲蓬。

我家有一个电动的理发器，孩子从出生到现在，头发都是我们给他理的。这封信里提到的祖孙三代合影，三个人的头发都是我给理的光头造型，特别可爱。

我觉得，无论看外公的信多少遍，都是会越看越有味，可能第一次看的时候觉得没啥意思，但是，多看几遍之后，就会发现信里隐藏的感情。（妈妈说）

教孩子掌握解决争执的智慧

多看体育比赛，让孩子爱上锻炼

正在学习骑自行车的小男孩大煊：

你好！

今天中午我们在小区门口看了奥运会男子公路自行车赛。

比赛一共有143名运动员，他们骑车穿越北京城，经过天坛、天安门、地坛……一直骑到长城。一共有102.6公里。真了不起。

他们骑车经过我们的时候，快得像风一样，简直分不出谁先谁后。这是因为他们长期坚持锻炼，所以水平都很高。

大煊最近学习骑车也很不错，坚持练习，很快就可以把车轮两边的小轮子去掉，骑两个轮子的自行车了。

外公写

贰零零捌年捌月玖日

冬夜读书示子聿

宋 陆游

古人学问无遗力，
少壮工夫老始成。
纸上得来终觉浅，
绝知此事要躬行。

妈妈为煊煊注：聿，念作"玉"。

外公很关注北京奥运会，去看了很多次。这是自行车比赛，赛道从我们家门口过，所以我们就专门在门口等待他们骑过去。（妈妈说）

要鼓励孩子用自己的语言去描述事物

第一次看柔道比赛的小男孩张奕煊:

你好!

上午我们去现场看了奥运会的女子柔道比赛。

回家以后你给妈妈解释,什么是柔道:"柔道就是,一个人把另一个人扳倒,然后揉啊揉啊揉啊揉,直到让另一个人的背冲下,那个人就可以得好几分⋯⋯"。

哈哈,你说得真形象!

外公写
贰零零捌年捌月拾日

蜀道后期

唐 张说
客心争日月,
来往预期程。
秋风不相待,
先至洛阳城。

妈妈为煊煊注:张说名字中的"说"字念作"悦"。

煊煊在看完柔道比赛后回来跟妈妈解释了什么叫柔道,小孩很会抓重点,解释得很有趣。(外公说)

187

带孩子去看体育比赛前，要给他讲讲有关比赛的规则

大煊：

　　早上好！

　　我们今天要去现场看奥运会体操比赛和手球比赛。

　　手球比赛跟足球比赛差不多，但手球是用手来打的。每个队有一个守门员。把球打进对方的球门就可以得一分。比赛时间是一个小时。哪个队进球的次数更多，就算胜利。

外公写
贰零零捌年捌月拾肆日

如梦令

宋 李清照

常记溪亭日暮，
沉醉不知归路。
兴尽晚回舟，
误入藕花深处。
争渡，争渡，
惊起一滩鸥鹭。

　　当时奥运会比赛看得比较多，为了教育他爱国，我给他买了很多中国徽章和小国旗，头上还给他绑了一个国旗的头带，然后带他去现场给中国队加油。去之前，我顺便跟他讲解了一下手球的规则，让他事先有个了解。（外公说）

如何让孩子对大数字有一个具体的概念

小姨的好朋友张奕煊：

早上好！

妈妈、小姨昨天带你去故宫看了陶瓷和书画展览。

故宫是明代、清代的皇宫，皇帝住的地方。已经有五百多年历史了。现在是博物馆。

故宫有 8704 个房间。如果一个人从出生开始，每天住一个不同的房间，要一直住到二十四岁，才能住完所有的房间。

外公写

贰零零捌年捌月贰拾陆日

清平调

唐 李白

名花倾国两相欢，
常得君王带笑看。
解释春风无限恨，
沉香亭北倚阑干。

因为小孩子对八千多个房间没有一个具体的概念，所以我就给他写下来，告诉他每天住一个房间要住到二十四岁，这样就形象一点。

家长跟孩子交流要顺应孩子的特点。（外公说）

为什么要带孩子去看中国文物展

张奕煊小先生：

　　昨天，我们一起去首都博物馆，看了《中国记忆》五千年文物展。

　　中国的历史很长，是文明古国。

外公写

贰零零捌年捌月贰拾柒日

出塞

唐 王昌龄

秦时明月汉时关，

万里长征人未还。

但使龙城飞将在，

不教胡马渡阴山。

　　《中国记忆》五千年文物展是政府为了配合奥运会开的，这个展览很好，把中国各个省博物馆的镇馆之宝都集中到北京来了。例如，如果你以前要去看金缕玉衣，就得去河北省博物馆看，如果要去看马王堆出土文物，就得去湖南省博物馆看，但是那次所有的重点文物都集中在了一起，省去了很多麻烦。

　　因为奥运会的缘故，为了让全世界的人能了解到中华文化的辉煌。这样的机会很难得，所以我们也带着煊煊去看一下，告诉他这都是中国五千年的历史。

　　我认为，从小就要让孩子有这个意识：我是中国人，我为此自豪。（外公说）

要让孩子从小学会尊重残疾人

会游泳的小男孩煊煊：

晚上好！

上午你和妈妈去水立方观看残奥会游泳比赛。残疾人运动员有的人缺一条腿，有的人没有胳膊，但他们却游得比普通人还快，这是他们刻苦训练的结果。

如果你坚持锻炼，也会变成游泳健将的。

外公写
2008.9.8

汉广

诗经

南有乔木，

不可休思。

汉有游女，

不可求思。

汉之广矣，

不可泳思。

江之永矣，

不可方思。

我们带煊煊去看了很多残奥会的比赛，主要是让他感受到这种永不言弃的拼搏精神，让他知道人不管在哪种情况下，都可以很好地生活。要让孩子从小学会尊重残疾人，关心他们。（外公说）

2008 年·秋
孩子 5 岁 10 个月

出门时，丢三落四是常有的事，请小孩帮助提醒是个好办法

记忆力强的小男孩张奕煊：

　　早上好！

　　今天我们要出发了。出门旅游，需要准备这些东西：

　　身份证，钱，手机充电器，照相机，帽子，衣服，行李箱。

　　请你帮助大家检查一下，需要的东西带齐了没有。

　　另外，你还可以带上两本书，在路上看。

外公写

2008.9.30

长相思

清 纳兰性德

山一程，水一程，
身向榆关那畔行。
夜深千帐灯。

风一更，雪一更，
聒碎乡心梦不成。
故园无此声。

妈妈为煊煊注：榆关，就是山海关；那畔，指山海关的另一边。聒，念作"锅"，指声音吵闹。

　　出门时，丢三落四是常有的事，请小孩帮助提醒是个好办法，也可以顺便帮助孩子养成好习惯。（外公说）

　　在这首诗里，我告诉孩子"更"是多音字，有两个读音，这里念作"耕"。一夜分五更，每更大约是两小时。这样就让煊煊知道了一些古代常识。（妈妈说）

孩子，不能让脚受寒

煊煊：

你好！

今天是农历二十四个节气中的：寒露。

寒露的意思是清晨的露水变冷，快要结冰了。表示天气一天比一天冷。

谚语说："寒露脚不露。"天冷，大家穿好袜子，不要光脚，避免脚受凉。

寒从脚下起。脚受凉，人就容易生病。

你从幼儿园回到家里，脱下室外鞋，一定要记住换上防滑袜，这样踩在地板上就不会受凉了。

外公写

2008.10.8

秋夜曲

唐 王维

桂魄初生秋露微，
轻罗已薄未更衣。
银筝夜久殷勤弄，
心怯空房不忍归。

孩子回到家之后，一般都喜欢光着个脚，到处乱跑。这样就容易在不知不觉中受寒感冒。外公为了让煊煊知道这个道理，就特意选用了一句谚语来说明。（妈妈说）

如何教孩子掌握解决争执的智慧

优点多缺点少的好孩子张奕煊：

　　你好！

　　昨天，你看到有人在你面前吵架，就告诉他们：妈妈说，不能在小孩面前吵架。他们听了你的话，果然就不吵了。

　　谢谢你。以后再有人在你面前吵架，你还这样说，这个办法太好了。

外公写

2008.10.19

妈妈为煊煊注：瑀，念作"宇"。李世民是唐朝的第二个皇帝唐太宗。萧瑀是宰相。

赋萧瑀

唐 李世民

疾风知劲草，
板荡识诚臣。
勇夫安识义，
智者必怀仁。

当时，两位女士为小事争执，她们听了煊煊的话，都有点不好意思了，分别对煊煊笑了笑就离开了，争执就这样自然结束了。（外公说）

如何让小孩子的心中充满慈悲

我的越来越懂事的小外孙张奕煊：

早晨好！

昨天晚上，爷爷、奶奶、外公、外婆、爸爸、妈妈，还有你，大家在一起吃饭，有说有笑，多开心呀。你吃了不少好东西，夜里大概做了个好梦吧。

爷爷、奶奶爱孙子大煊，外公、外婆爱外孙大煊，爸爸、妈妈爱儿子大煊，因为大煊也爱爷爷、奶奶、外公、外婆、爸爸、妈妈。我们是一家人，大家在一起才特别开心。

大煊爱大树，爱小草；大树、小草也爱大煊。大煊爱太阳、月亮、星星，太阳、月亮和星星也爱大煊。大煊爱幼儿园里的小朋友，小朋友们也都爱大煊。

大煊，我们都爱你，你是我们的好朋友。

爱你的外公写

2008.11.2

子夜四时歌冬歌之一

南朝民歌

渊冰厚三尺，
素雪覆千里。
我心如松柏，
君情复何似？

这封信当时在写的时候就动了一番脑筋，因为煊煊喜欢树，我就反过来说树也喜欢他，大家相互爱护。然后，我就想到了人，告诉他应该喜欢幼儿园小朋友，小朋友也喜欢煊煊。（外公说）

在讲"记性差"的笑话中教孩子尽孝道

大小伙子张奕煊：

早晨好！

外公给你讲一个故事：午饭后，有三位老太太坐在餐桌旁聊天。第一位老太太说：我记性越来越差了，今天早饭吃的是什么都忘记了。第二位老太太说：我的记性更不好，刚才吃的是什么，我都记不清了。第三位老太太用手在桌子上重重敲了两下，大声说：你俩记性实在太差了。过了一会，她小声问，刚才是谁在敲桌子。

你一定猜出来了，谁的记性最差。哈哈。

你是一个记性很好的大小伙子，可不要忘记在爸爸、妈妈生日的那一天对他们说：生日快乐！他们一定会非常高兴的，因为儿子的祝福是最好的生日礼物。

记性越来越差的外公写
2008.11.5

浣溪沙

宋 苏轼

游蕲水清泉寺，寺临兰溪，溪水西流。

山下兰芽短浸溪，
松间沙路净无泥。
萧萧暮雨子规啼。
谁道人生无再少？
门前流水尚能西！
休将白发唱黄鸡。

妈妈为煊煊注：蕲，念作"齐"。

这个故事很有趣，讲的是三个记性差的老太太，告诉煊煊如果一个人不去训练记忆力，会闹很大的笑话。因为煊煊的记忆力很好，所以我提醒他不要忘记父母的生日。说到这里我再重申这个观念，中国的孝道要在孩子小的时候教。（外公说）

孩子六岁

如何培养孩子勇于尝新的开放心态

生梨伤脾胃，家长可以把梨煮熟了给孩子吃

大人也会犯错误，错了不要抵赖，认错就行了，小孩也是一样

告诉孩子：人都有缺点，改了就好

有时候，孩子犯了小错误不能批评，反而应该奖励

时间过得真快！不知不觉，孩子能看信了，是个文化人了

希望就要升为小学生的孩子以后能编更好听的故事给我听

有时候，孩子犯了小错误不能批评，反而应该奖励

如何培养孩子勇于尝新的开放心态

爱吃水果的小朋友大煊：

你好！

外公今天买了三斤多紫葡萄，卖葡萄的人夸张地说葡萄有乒乓球那么大，哈哈。

葡萄已经洗好了，放在桌子上。我已经吃了好几颗，味道不错。你也快去吃吧。

葡萄虽大，但吃起来有点酸。酸甜苦辣各种味道都有人喜欢，就是臭，也有人喜欢。臭豆腐闻起来臭，吃起来却香。哈哈！有趣吧。

也爱吃水果的外公写

2008.11.17

菩萨蛮·书江西造口壁

宋 辛弃疾

郁孤台下清江水，
中间多少行人泪？
西北望长安，
可怜无数山。
青山遮不住，
毕竟东流去。
江晚正愁余，
山深闻鹧鸪。

煊煊现在很喜欢吃臭豆腐，不过他那个时候还没有吃过真正的臭豆腐，我们家自己做的臭豆腐不是很臭，最臭的是湖南的臭豆腐，他后来才吃到。

外公老是培养他一种开放的心态，就是看到一种新的东西应该去尝试，所以煊煊的心态一直比较开放，我们带他出去玩也比较省心。每去一个新的地方，有一些很新奇或者是很奇怪的东西，他都愿意去尝试，适应能力和接受能力比较强。（妈妈说）

生梨伤脾胃，家长可以把梨煮熟了给孩子吃

诚实的大男孩张奕煊：

　　早晨好！

　　讲一个你自己的故事给你听，喜欢不？

　　在你刚学会走路的时候，有一天，坐在小椅子上，双手捧着一个煮熟的大梨津津有味地啃着。快啃到梨核了，外公说："煊煊，转一下再吃。"你听见后不是把梨转一下，而是站起来绕着椅子转了一圈后坐下来继续大口地啃梨核……

看着你一天天长大的外公写

2008.11.20

无题

宋 晏殊

油壁香车不再逢，
峡云无迹任西东。
梨花院落溶溶月，
柳絮池塘淡淡风。
几日寂寥伤酒后，
一番萧瑟禁烟中。
鱼书欲寄何由达，
水远山长处处同。

　　外公会给煊煊吃煮熟的梨，我小时候也这样吃，外公认为生梨太寒凉了，小孩子吃多了伤脾胃，所以都是煮熟了才给我们吃。太大的梨可以划开了再煮，不去皮给孩子吃。（妈妈说）

五十年后，六十年后，你也要当爷爷，当外公，你也会给你的孙子或者外孙讲故事……

一天天长大的小男孩煊煊：

你好！

喜欢听外公小时候的故事吧，我给你讲一个。读小学的时候，语文老师布置家庭作业：写一百个字。我问：写一百个什么字？老师答：写什么字都行。第二天，我把作业本交上去了，老师看见后哭笑不得，原来，我在作业本上写了一百个"一"。

哈哈，有趣吧。人老了，回忆儿童时代的事都很美好。

小孩都会一天天长大，小孩都应该认真学习。五十年后，六十年后，你也要当爷爷，当外公，你也会给你的孙子或者外孙讲故事，人类就是这样一代又一代，世代相传的。

一天天越来越老的外公写

2008.11.23

赠王氏小儿

唐 窦巩

竹林会里偏怜小，
淮水清时最觉贤。
莫倚儿童轻岁月，
丈人曾共尔同年。

妈妈为煊煊注：窦，念作"豆"。

当我把这个故事讲给煊煊听后，他说外公好懒啊，当时的情形可有趣了。

突发奇想，讲一些长辈小时候的趣事给小孩听，大家更亲近了。（外公说）

大人也会犯错误，错了不要抵赖，认错就行了，小孩也是一样

张奕煊小先生：

你好！

讲一个外公自己的故事：有一天，我走路累了，口干舌燥，看到一个饭店里有人正在喝豆浆，我急忙进去，也没仔细看，就喊："服务员，来两碗豆浆。"服务员过来了，客气地问："请问，你还要点什么？"我答："只要两碗豆浆，其他什么都不要。"服务员一下子就愣住了，不少顾客也转过头来看着我。我感觉气氛不对。抬头一看，墙上有几个大字"豆浆免费供应"。我一下子全明白了，赶忙说："对不起，我还要两个菜包子。"

从此以后，我走进饭店，都要先看一下，然后才点菜。哈哈。

外公写

2008.12.4

登岳阳楼

唐 杜甫

昔闻洞庭水，
今上岳阳楼。
吴楚东南坼，
乾坤日夜浮。
亲朋无一字，
老病有孤舟。
戎马关山北，
凭轩涕泗流。

那是我在四川的自贡市富顺县时发生的一件趣事，有个饭店喝豆浆不要钱，但是你要买点其他东西。我那个时候口很渴，进饭店就跟服务员说先来碗豆浆，结果闹了个笑话。现在觉得真是有趣。

写这封信就是告诉煊煊大人也会犯错误，错了不要抵赖，认错就行了，小孩也是一样。（外公说）

2008年·冬
孩子6岁

跟孩子讲自己马大哈的故事，还有小时候调皮偷懒的故事，告诉他：人都有缺点，改了就好

记忆力很好的小朋友煊煊：

你好！

有一位马大哈先生，花了一个多小时给朋友写信，信写好后放在口袋里，走路到邮局里买了一个信封，一张邮票，当场拿出笔来在信封上仔细地写了收信人的地址，收信人的姓名，寄信人的地址，核对无误后认真地贴好邮票，迅速地封好信口并投进邮箱。然后高高兴兴地回家了，回到家中一摸口袋，不好，写好的信纸还在口袋里，忘记装进信封了……

有一次，外公煮饭，认真地把锅洗干净，仔细地在盆里淘好米，又在锅里装进不多不少的水，立即盖上锅盖，放在火上煮，到了吃饭时打开锅盖一看，糟糕，里面是一锅清水，忘记放米了。我也当了一回马大哈先生。

你可不要也当小马大哈哟。

外公写

2008.12.5

黄鹤楼

唐 崔颢

昔人已乘黄鹤去，
此地空余黄鹤楼。
黄鹤一去不复返，
白云千载空悠悠。
晴川历历汉阳树，
芳草萋萋鹦鹉洲。
日暮乡关何处是？
烟波江上使人愁。

我会跟煊煊讲自己马大哈的故事，还有小时候调皮偷懒的故事，告诉他人都有缺点，改了就好。我还会教他一些中国人的传统美德，就是希望他做个好人。

（外公说）

有时候，孩子犯了小错误不能批评，反而应该奖励

小小男子汉张奕煊先生

你好！

外公给你讲一个你妈妈小时候的故事：有一年秋天，她和小伙伴们一起玩，一不小心，她掉到池塘边了，爬上来后，裤子上有不少污泥，而且湿透了，冷得很。她立即赶回家，换了衣服……

第二天，小伙伴们问她，昨天回家挨骂了没有，挨打了没有。她回答：既没有挨骂，也没有挨打，还得到了奖励。

开动你聪明的小脑瓜想一想，这是为什么？告诉你吧，不小心弄脏了、弄湿了衣服是个小缺点，但是及时回家换上干衣服，防止受凉，防止感冒是个大优点，奖励的正是这个大优点，不是那个小缺点。

功大于过该受奖励。你懂了吧。

外公写

2008.12.12

贫女

唐 秦韬玉

蓬门未识绮罗香，
拟托良媒益自伤。
谁爱风流高格调，
共怜时世俭梳妆。
敢将十指夸针巧，
不把双眉斗画长。
苦恨年年压金线，
为他人作嫁衣裳。

妈妈为煊煊注：由这首诗产生了一个常用的成语：为人作嫁。比喻白白为别人辛苦。

写此故事的初衷是：小朋友犯小错误很正常，父母不必过分责备，孩子也用不着害怕，一句话：改了就行。小朋友在外面玩，弄脏了衣服是很平常的小事。小朋友自己主动回家后，家长不能批评，反而应该奖励。当然，要给小朋友说清楚，不是奖励弄脏弄湿了衣服，而是奖励及时回家换衣服，防止受凉感冒这件事。（外公说）

2008年·冬
孩子6岁1个月

时间过得真快！不知不觉，孩子能看信了，是个文化人了

我最好的朋友张奕煊：

时间过得真快！不知不觉，外公给你写信已经写了快三年了。

现在你认识了很多的字，不需要外公给你念信，可以自己看了。

小姨说：大煊能看信了，是个文化人了，不是文盲了，哈哈。

外公给你订的儿童报，妈妈给你买的儿童书，你都能自己看得津津有味，还能给小朋友们念书上的故事。

在幼儿园，老师们都夸你是爱读书的好孩子。

爱读书是个好习惯。书上有很多知识。会读书的人，就可以自己学习，不需要凡事都问别人了。

祝你新年进步！天天快乐！

外公写
2008.12.26

偶成

宋 程颢

闲来无事不从容，
睡觉东窗日已红。
万物静观皆自得，
四时佳兴与人同。
道通天地有形外，
思入风云变态中。
富贵不淫贫贱乐，
男儿到此是豪雄。

妈妈为煊煊注：颢，念作"浩"。觉，念作"绝"，是睡醒的意思。淫，念作"银"，是放纵的意思。

外公家书已经写了三年，这封信后选程颢的诗，是一个阶段性的总结。这首诗反映了外公想要教给孩子的最重要的东西——做人的道理。（妈妈说）

用抛砖引玉的方法来让孩子讲更好听故事给家长

希望就要升为小学生的孩子以后能编更好听的故事给我听

九月就要升为小学生的好孩子张奕煊：

你好！外公、小姨、小姨父都很喜欢你，都很想你！

《小西游记》第…回三兄弟游儿童城

话说小孙悟空眼尖，看到大路远处隐隐约约有很多人，三兄弟加快脚步赶上前去，原来很多小朋友都在看一张告示，告示上说：新建的儿童城今天开业，不仅免费对儿童开放，而且还赠送每一位儿童三十元儿童币。有如此好的机会，三兄弟当然不会错过，小八戒抢着带路，沿着路牌的箭头方向前进，向儿童城走去。路上，小八戒问，儿童币能不能买吃的东西，我肚子已经饿了。小沙僧说，我也不知道。小悟空说，快走吧，马上就到了，进去一看就知道了。三人急急忙忙走到城边，看到很多小朋友都排着队朝城里走，城门口发儿童币。到了入口处，三人各领了三十元儿童币。进城一看，城里布置得花花绿绿。小八戒闻到香味了，说我们去吃早饭吧。小悟空说好。三人进了儿童餐厅，各人都分别去选喜欢吃的东西，小八戒买了肉包子、糖包子、巧克力、汤圆、银耳粥，等等，把肚子吃得滚圆，花了二十元钱，小悟空、小沙僧也吃饱了，只分别花了三元钱和两元钱。

吃饱了肚子，三兄弟到了游戏大厅，游戏大厅里可以玩的太多了，但是每一种游戏都要收儿童币，骑真马要两元，骑真羊要一元，坐飞机要一元……小悟空最喜欢骑山羊，骑了一次又一次，花了两元钱；小沙僧喜欢穿潜水服潜水，一次就花了五元。小八戒钱不多了，知道得省着用，就去玩不收费的滑梯。三人又分别去看了杂技表演，魔术表演、还看了木偶剧……

　　玩到中午，三兄弟又凑在一起了。一算账，小悟空还剩八元，小沙僧还剩九元，小八戒只剩一元了。进了餐厅，小八戒红着脸说，我早晨吃得太多，还不饿，你们吃吧。小沙僧说，我去买，他买了三碗牛肉面，只花了三元儿童币，请两位师兄各吃一碗，自己也吃了一碗。

　　午饭后，三兄弟到了玩具大厅，玩具大厅简直就是世界玩具博览会，很多玩具他们都是第一次看到，遗憾的是买玩具要花儿童币，三人不敢轻易下手。三兄弟逛了好几圈，一件玩具都没有买。突然，小八戒看到有一套精装版的彩色连环画《西游记》，一看要十六元儿童币，可三兄弟的钱凑在一起才十五元，这可怎么办啊？聪明的小八戒一拍脑袋，有办法了，我去和售货员讨价还价，售货员也正愁着这套书卖不出去，就答应十五元卖给他们了。三兄弟拿着精装版彩色连环画《西游记》，高高兴兴地离开了玩具城。欲知后事如何，且听下回分解。

外公

2009.6.25

　　这是我从上海寄过来的信，因为 2009 年我去上海了，所以信不多了。编此故事的目的是想抛砖引玉，希望一天天长大的煊煊以后能编更好听的故事给我听。（外公说）

外公的温度

外公写给煊煊的一千多封信，一部分被煊煊的幼儿园拿了去做教材，一部分散失了。余下的几百封原件，我保存了起来，时常拿出来看看。

由于外公注重环保的关系，那些信几乎都是写在循环利用的纸张背面，有的是一张过期的通知单，有的是一张草稿纸，有的是拆开的旧信封。纸张的形状、大小不尽相同，唯一相同的，是纸上外公始终如一的整齐的字体。为了方便小外孙读认，信中的每一个字，外公都用工整的正楷写出，端正有力的笔划，是外公独有的字体。

这字体我再熟悉不过，从我五岁时背诵的唐诗手抄本，小学时试卷上的家长评语，到大学时每周盼望的厚厚家书……外公用这工整的字体，写满了我成长的每一页。

几十年过去了，许多人和事已面目全非，但外公写给小外孙的信，字迹还是跟从前写给我这个女儿的信一模一样。每次看到这亲切熟悉的字体，总会让我觉得心头暖暖的，连信纸都仿佛带有外公的温度。

重读这些信，我仿佛又看见当年的外公坐在桌前，一笔一划，无比认真地写下每一个字，写下他对孩子无限的爱与祝福……

陈允斌

2015年5月于北京

图书在版编目（CIP）数据

外公家书 / 陈德勤 , 陈允斌著 .
-- 北京 : 北京联合出版公司 , 2015.5（2024.4 重印）
ISBN 978-7-5502-5309-4

Ⅰ.①外⋯ Ⅱ.①陈⋯ ②陈⋯ Ⅲ.①儿童教育－家庭教育
Ⅳ.①G78

中国版本图书馆 CIP 数据核字 (2015) 第 104550 号

外公家书

著　　者　陈德勤　陈允斌
责任编辑　牛炜征
项目策划　紫图图书ZITO®
监　　制　黄利　万夏
特约编辑　马松
营销支持　曹莉丽
装帧设计　紫图装帧

北京联合出版公司出版
（北京市西城区德外大街 83 号楼 9 层　100088）
艺堂印刷（天津）有限公司印刷　新华书店经销
字数120千字　710毫米×1000毫米　1/16　15印张
2015年6月第1版　2024年4月第4次印刷
ISBN 978-7-5502-5309-4
定价：39.90元

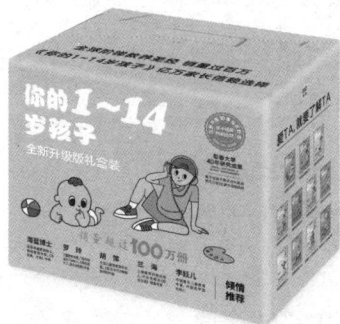

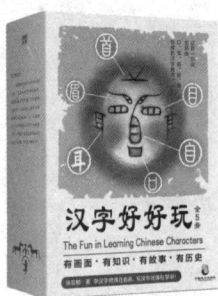

汉字好好玩（全5册）

有画面、有知识、有故事、有历史的汉字溯源书。中央电视台、湖南卫视等多家媒体争相报道！学汉字就像在看画，写汉字就像在学画！

《汉字好好玩》保留了象形文字的精华，延续了汉字原创的精神，展现了"画中有字 字中有画"的汉字精髓，融合了文字学、哲学、美学与创意，以艺术的眼光介绍汉字！

作者原创75幅汉字画，打破传统一笔一画的汉字学习方式，倡导图像学习汉字新思维！对象形文字追根溯源，感受文字的前世今生，融合中国文字博大精深的艺术精髓与造字之美！

出版社：中国致公出版社　　定价：329元/套　　开本：16开　　出版日期：2018-5

《中国百年文学经典桥梁书》（全8册）

原创手绘插图·原作真实再现·与教科书同步·传承百年经典
9位近现代文学大师，21篇名作赏析，500余幅精美插画，跟随画手们的传神妙笔，品读不一样的文学经典。让孩子的文化素养和美学意识同步提升，以经典的美，滋润孩子们的童年。

这是一部兼具经典文学与中国原创图画的杰作。本套书选取了中国近现代9位文学大师的作品共21篇，包括鲁迅先生、朱自清先生、叶圣陶先生等众位大师的传世名篇。

这部集名篇佳作和精美原创图画的图书，用生动、直观的图画把抽象的文字描述表现出来，帮助小读者们理解和记忆。让孩子们在图画的陪伴下，逐渐了解文字所表达的含义，感受文学大师们的语言魅力，架起由图画通往文学的桥梁。

出版社：北京联合出版公司
定价：199元/套　　开本：32开
出版日期：2018-10

萨琪小姐的故事（全8册）

法国著名儿童性教育启蒙图画书。孩子有了敏感话题，就读这套书，终生受益！
著名儿童性教育研究专家胡萍 倾情推荐
"在众多儿童性教育绘本中，萨琪系列是我特别喜欢的。"

《萨琪小姐的故事》一共8册，分别从不同主题引导孩子从小认识自己的性别特征，理解男孩与女孩之间的性别差异和行为准则。有了这套书，孩子们不会再对性的问题大惊小怪，好奇心可以得到正常的满足和发展，从而学会与异性好好相处，实现彼此尊重与欣赏。

出版社：江西美术出版社　　定价：99元/套　　开本：32开　　出版日期：2018-1

儿童情商与性格培养绘本（全5册）

把握儿童情商培养与性格养成关键期　在潜移默化中给孩子一个高情商与好性格

《儿童情商与性格培养绘本》是欧洲著名童书作家西尔薇·吉拉尔德专门为3-6岁的小朋友创作的一套优秀绘本！这套绘本通过有趣的故事、幽默的插图和亲子互动的方式，帮助孩子们解决成长过程中遇到的一些问题，在潜移默化中给孩子一个高情商和好性格。每一本书都有一个相关主题，如：健康、礼仪、规则、交往等。在每个故事的最后，都有专门为亲子讨论提供的问题和建议，非常适合亲子共读。

一个从小拥有高情商和好性格的孩子，一定会成长为一个受欢迎的大人。

出版社：江苏凤凰美术出版社　　定价：99元/套　　开本：32开　　出版日期：2018-6

紫图·名人堂 著名昆虫学家、动物行为学家、文学家法布尔经典著作

《昆虫记》(全 10 卷)(修订版)

中国首部全译插图本《昆虫记》修订版
一部跨越文学与科学的不朽传世经典

跨越两个世纪的传世经典,献给所有敬畏生命、热爱生活的读者。它们捕猎、相爱、生儿育女,它们诈取、被杀、朝生夕死……昆虫的世界从不绝望,它们永远生机勃勃。法布尔以平实、幽默的语言记录了推粪球的圣甲虫、捕食吉丁的节腹泥蜂以及黄翅飞蝗泥蜂等许许多多动物,通过各种各样的实验,讲解了它们有趣的生活习性、高超的本能。

出版社:江西科学技术出版社　　定价:399 元
开本:16 开　　出版日期:2020-4

《昆虫记》(大奖版　全八册)

安野光雅绘图,全世界获奖最多,专为 6~14 岁的孩子而写。

持续畅销 20 年的"最佳童书",中科院五位院士倾情推荐。最吸引孩子的故事化情节,国际顶级大师团队精美配图。1700 余幅精美插画,200 余幅高清、原生态昆虫照片,安野光雅绘制封面。

全世界小朋友最爱读这版《昆虫记》!送给孩子最好的礼物!

出版社:北京联合出版公司　　定价:268 元
开本:32 开　　出版日期:2015-4

《法布尔植物记:手绘珍藏版》(全 2 册)

因《昆虫记》闻名于世的法布尔又一巨作
所有植物爱好者不可错过的"植物圣经"

因《昆虫记》而闻名于世的法布尔不仅关心昆虫,对植物也富有极大的兴趣,同时还编著了这本《法布尔植物记》。他从科学角度对植物世界进行观察和研究,以亲切温和的方式记录了植物的形态、机能以及植物的一生,通过他卓越的观察力反映了各种植物不同的生存状态。他在用亲切慈祥的口吻向我们讲述植物故事的同时还告诉人们许多人生的智慧。

出版社:北京联合出版公司　　定价:99.9 元(全 2 册)
开本:16 开　　出版日期:2019-8

紫图·汉字宝典　　弘扬传统文化、汉字馆

《画说成语（小学版）1～6年级》

ISBN 978-7-5387-6136-8

《画说汉字（小学版）1～6年级》

ISBN 978-7-5596-0859-8

《汉字树》（珍藏套装 全八册）

ISBN 978-7-5596-2026-2

紫图·奇迹童书　　陪孩子遇见美好的自己

《陪孩子读＜山海经＞》

ISBN 978-7-5580-5490-7

《陪孩子读最美古诗词》

ISBN 978-7-5596-0770-6

《陪孩子读经典成语故事》

ISBN 978-7-5596-2124-5

紫图·亲子家教　　和你一起，我不怕老去

《一定要告诉儿子的那些事》

ISBN 978-7-5502-7261-3

《一定要告诉女儿的那些事》

ISBN 978-7-5502-7260-6

《犹太妈妈不买玩具》

ISBN 978-7-5359-7424-2

《赢在未来的"虎刺怕"小孩》

ISBN 978-7-5477-3399-8